Gerd Lüdemann

**Der echte Jesus**

Seine historischen Taten und Worte

Ein Lesebuch

AF721653

Gerd Lüdemann

# DER ECHTE JESUS

Seine historischen Taten und Worte

Ein Lesebuch

zuKlampen!

© 2023 zu Klampen Verlag · Röse 21 · D-31832 Springe
info@zuklampen.de · www.zuklampen.de

Umschlag: © Stefan Hilden, www.hildendesign.de

Motiv: Shutterstock.com

Satz: thielen VERLAGSBUERO, Hannover

Druck: BoD – Books on Demand · 22848 Norderstedt · bod.de

Bei Fragen zur Produktsicherheit wenden Sie sich bitte an info@zuklampen.de

ISBN 978-3-98737-010-6

*Bibliografische Information Der Deutschen Nationalbibliothek*

Die Deutsche Nationalbibliothek verzeichnet diese Publikation in der Deutschen Nationalbibliografie; detaillierte bibliografische Daten sind im Internet über ‹http://dnb.d-nb.de› abrufbar.

# VORWORT

> Die *mythische Eschatologie* ist im Grunde durch die einfache Tatsache erledigt, daß Christi Parusie nicht, wie das Neue Testament erwartet, alsbald stattgefunden hat, sondern daß die Weltgeschichte weiterlief und – wie jeder Zurechnungsfähige überzeugt ist – weiterlaufen wird.
>
> *Rudolf Bultmann*
> *Neues Testament und Mythologie, 1941, S. 16.*

Jesus von Nazareth ist für das christliche Abendland die zentrale Gestalt. Über ihn sind so viele Bücher geschrieben worden, dass diese ganze Bibliotheken füllen. Die meisten Jesus-Bücher sind jedoch nur von begrenztem Wert, da sie den österlichen Jesus mit dem geschichtlichen Jesus gleichsetzen und sich zugleich weigern, die historisch-kritische Methode in vollem Umfang anzuwenden.

Inzwischen ist sich die internationale kritische Forschung darin einig, dass die meisten Worte Jesu im Neuen Testament nachträgliche Zuschreibungen sind und das Gros seiner Taten Fiktionen. Doch eine kleine Zahl echter Taten und Worte Jesu bleibt. Ich habe sie in diesem Buch zusammengestellt und erläutert.

Walter Höfig hat das entstehende Manuskript gründlich durchgesehen. Dafür bin ich ihm sehr dankbar.

# INHALT


Vorwort . . . . . 5

Einleitung . . . . . 9

Sieben harte Fakten . . . . . 15

ANFANG IN NAZARETH

1. Geburt . . . . . 18
2. Familie und Beruf . . . . . 19

ECHTE TATEN

1. Trennung von der Familie . . . . . 22
2. Taufe durch Johannes . . . . . 23
3. Exorzismen und andere Heilungen . . . . . 26

   EXKURS I: Jesus, der Dämonenbeschwörer, und die moderne Medizin . . . . . 26
4. Sündenvergebung . . . . . 36
5. Berufungen der ersten Jünger . . . . . 38
6. Gründung des Zwölferkreises . . . . . 40
7. Feiern statt Fasten . . . . . 43
8. Mahlzeiten mit suspekten Personen . . . . . 44
9. Jesus und die Frauen . . . . . 45
10. Jesus im Tempel . . . . . 47

    EXKURS II: Jesus, Sohn des Ananias, und sein Namensvetter Jesus von Nazareth – Tempelkritiker im ersten Jahrhundert . . . . . 49

ECHTE WORTE

1. Seligpreisungen . . . . . 52
2. Gegenwart und Zukunft des Reiches Gottes in der Predigt Jesu . . . . . 53
3. Gleichnisse . . . . . 57
4. Der barmherzige Gott in der Verkündigung Jesu . . . . . 64
5. Unmoralische Helden in den Erzählungen Jesu . . . . . 70
6. Bitten, Beten und Glauben . . . . . 74
7. Gesetzesverschärfung und Gesetzeskritik . . . . . 78
8. Gerichtsworte . . . . . 88
9. Verschiedene Sprüche . . . . . 91
10. Todesprophetie? . . . . . 94

AUSGANG IN JERUSALEM

1. Hinrichtung am Kreuz . . . . . 96
2. Selbstbetrug der Jünger . . . . . 96

Lebenslauf Jesu . . . . . 100

Literatur . . . . . 111

Texte . . . . . 114

Der Autor . . . . . 117

# EINLEITUNG

Unzählige Christen haben sich im Verlauf der Kirchengeschichte auf Jesus berufen, ihm dabei aber nur ihre eigene Sicht untergeschoben. Dieses Urteil trifft bereits auf die vier Evangelisten »Matthäus« (= Mt), »Markus« (= Mk), »Lukas« (= Lk) und »Johannes« (= Joh) zu.

Es war daher an der Zeit, *alle* Evangelien aus der Frühzeit der Kirche Vers für Vers zu durchleuchten. Das habe ich gemeinsam mit zwei Mitarbeitern vor mehr als einem Jahrzehnt getan und die Ergebnisse in dem Werk »Jesus nach 2000 Jahren. Was er wirklich sagte und tat«[1] vorgelegt. Dieses Buch enthält auf rund 900 Seiten hauptsächlich Exegesen von Texten, die neu übersetzt und nach den Regeln der historisch-kritischen Methode untersucht wurden. Das Hauptziel war, echt von unecht zu unterscheiden. Zu meinem Erstaunen fanden wir nur relativ wenige authentische Jesusworte und -taten.

Ich präsentiere diese relativ geringe Zahl der echten Taten und Worte Jesu in einem neuen handlicheren Buch, das auf dem wissenschaftlichen Minimalkonsens beruht. Ich habe ihm eine überarbeitete Kurzform der in *Jesus 2000* durchgeführten Analysen hinzugefügt und mich bemüht, den Stoff verständlicher darzubieten.[2] Dabei wurden Erkenntnisse, die ich inzwischen gewonnen habe, berücksichtigt.

[1] GERD LÜDEMANN: *Jesus nach 2000 Jahren. Was er wirklich sagte und tat.* Mit Beiträgen von FRANK SCHLERITT und MARTINA JANSSEN, Lüneburg 2000[1], Springe 2004[2], im Folgenden abgekürzt mit *Jesus 2000*[1] *bzw. Jesus 2000*[2]. Eine kürzere Ausgabe ohne das EvJoh und ohne die nichtkanonischen Jesustraditionen (Ausnahme: EvTh) ist GERD LÜDEMANN: *Jesus nach 2000 Jahren. Was er wirklich sagte und tat,* Springe 2012[3] (= *Jesus 2000*[4]).

[2] Wer an ausführlicheren Informationen interessiert ist, sollte ohnehin immer zu *Jesus 2000*[1-4] greifen.

Nach der Übersetzung[3], in der Markierungen von Wörtern und Satzteilen bei der Textdurchdringung behilflich sind, gehe ich kurz auf Absicht und Traditionen des jeweiligen Textes ein und nenne anschließend die Tatsachen, die sich ihm entnehmen lassen.

Die *Jesus 2000*[1-2] leitenden Methoden und Voraussetzungen gelten auch für das vorliegende Buch: Bezüglich des Verhältnisses der drei ältesten neutestamentlichen Evangelien zueinander setze ich eine modifizierte Zweiquellentheorie voraus. Ihr zufolge ist das Markusevangelium (= EvMk) das älteste erhaltene Evangelium und stammt ungefähr aus dem Jahre 70 n. Chr., das Matthäusevangelium (= EvMt) und das Lukasevangelium (= EvLk) bedienen sich etwa ein Vierteljahrhundert später unabhängig voneinander sowohl des EvMk als auch einer Redenquelle (= Q), die etwa genauso alt wie das EvMk sein dürfte, aber nicht erhalten ist. Darüber hinaus benutzen Mt und Lk Sonderüberlieferungen.[4]

Das Thomasevangelium (= EvTh) aus einem Fund antiker Handschriften bei Nag Hammadi (Oberägypten) im Dezember 1945[5] spiegelt teilweise eine gegenüber den Evangelien des Neuen Testaments unabhängige Tradition wider und gehört daher zu den Quellen, die in die Analyse mit einzubeziehen sind. Sein Verfasser (= Th) ist uns ebenso wie die Autoren der vier Evangelien des Neuen Testaments unbekannt.

Das Johannesevangelium (= EvJoh) in seiner gegenwärtigen Gestalt stammt aus dem Anfang des 2. Jahrhunderts und setzt EvMt, EvMk und EvLk voraus, benutzt sie aber nicht direkt. Das EvJoh bleibt in dem vorliegenden Buch unberücksichtigt, weil echte Worte und Taten Jesu in diesem Evangelium allenfalls indi-

3 Die Übersetzungen folgen in der Regel Gerd Lüdemann / Frank Schleritt: *Arbeitsübersetzung des Neuen Testaments*, Göttingen 2008.

4 Vgl. nur die Kindheitsgeschichten (Mt 1–2; Lk 1–2) und die Überblicke von Paul Wernle: *Die synoptische Frage*, Freiburg 1899: »Das Sondergut des Lucas« (S. 91–108) und »Das Sondergut des Matthaeus« (S. 188–195).

5 Vgl. Gerd Lüdemann / Martina Janssen: *Bibel der Häretiker. Die gnostischen Schriften aus Nag Hammadi*, Stuttgart 1997.

rekt nachwirken.[6] Das Gleiche gilt für die nichtkanonischen Jesustraditionen, abgesehen vom EvTh.[7]

### *Kriterien der Echtheit von Jesustaten und -worten*

Ich erläutere nun Kriterien der Echtheit von Jesustaten und -worten in der Reihenfolge ihres Gewichts. In den Einzelanalysen sind die Abkürzungen für die ausschlaggebenden Kriterien angegeben.

*Anstößigkeitskriterium (**AK**):* Bezüglich der *Taten* gehört hierher Jesu Entschluss, sich von Johannes taufen zu lassen. Die Taufe Jesu war den Christen anstößig; sie missfiel ihnen und wurde von Anfang an auf verschiedene Weise umgebogen, vollständig verschwiegen oder von »Jesus« selbst zurückgewiesen. Es schien unvorstellbar, dass Jesus, der angeblich sündlos war, sich zur Vergebung der eigenen Sünden habe taufen lassen.

Im Hinblick auf die *Worte* zählen hierzu Jesu Gleichnisse, in denen »unmoralische Helden«[8] auftreten und als Vorbilder dienen: z. B. der Mann, der einen Schatz im Acker findet und diesen kauft, ohne seinen Fund zu melden[9], oder der »ungerechte Verwalter«, der seinen Rechenschaft fordernden Herrn betrügt, um bei dessen Schuldnern Unterschlupf zu finden.[10]

*Magiekriterium (**MK**)*[11]: Magie ist die Fähigkeit, Umgang mit Dämonen zu haben, sie auszutreiben und sich bei der Heilung von Kranken übersinnlicher Kräfte zu bedienen. Dies geschieht durch Handauflegung, Gebrauch von Zauberworten, Auftragen von

6 So das Ergebnis der minutiösen Analysen von SCHLERITT, Johannesevangelium, in: *Jesus 2000*[1-2], S. 527–751.

7 Zu den nichtkanonischen Jesustraditionen, außer dem EvTh, vgl. das Register von *Jesus 2000*[1–2], S. 889.

8 Vgl. TIM SCHRAMM / KATHRIN LÖWENSTEIN: *Unmoralische Helden. Anstößige Gleichnisse Jesu,* Göttingen 1986.

9 Mt 13,44.

10 Lk 16,1b–8a.

11 Vgl. MARCO FRENSCHKOWSKI: Art. *Magie.* III. Biblisch. 2. *Neues Testament,* RGG[4], Band 5, Tübingen 2002, Sp. 668–669.

Speichel, durch Wahrsagen. Magie wird von der gegnerischen Seite oft als Zauberei denunziert.[12] Ich setze voraus, dass Teile der angeführten magischen Züge auf Jesus zutreffen, und werde dies im Verlauf meiner Analysen weiter begründen.

Der Einsatz des *MK* orientiert sich an der Frage, in welchem Umfang ein Evangelium eine magische Praxis Jesu beschreibt und magische Worte von ihm wiedergibt. *Faustregel:* Je mehr magische Elemente vorhanden sind, desto größer ist die Nähe zum historischen Jesus; je mehr magische Taten und Worte fehlen, desto beträchtlicher ist der Abstand zum historischen Jesus.

*Differenzkriterium (**DK**):* Bei seiner Anwendung geht es um die Frage, ob in den nachösterlichen Gemeinden Taten und Worte »Jesu« entstanden sein können, die sich stark von den Taten und Worten des historischen Jesus unterscheiden. Bei einer Differenz zwischen Wort und Tun Jesu und Wort und Tun der Gemeinde kommt der historische Jesus als Urheber des jeweiligen Wortes bzw. der Tat in Betracht. Ein Beispiel ist Jesu Anweisung, nicht zu fasten, von der das Fasten der späteren Gemeinden abweicht.[13] Frei nach Ronald Bilik sind alle Anweisungen Jesu, die sich in Differenz zu den Überzeugungen der nachösterlichen Gemeinden befinden, vermutlich unhistorisch.

*Seltenheitskriterium (**SK**):* Es bezieht sich auf diejenigen Worte und Taten, die nur wenige Parallelen im jüdischen Bereich haben.[14]

[12] S. bereits Apg 8,9. 11.

[13] Mk 2,18–20.

[14] Den nicht-jüdischen Bereich berücksichtige ich nicht, denn der historische Jesus hatte meines Erachtens im Gegensatz zu Paulus keinen direkten Kontakt zu »Griechen«. Anders BERNHARD LANG: *Jesus der Hund,* München 2010, S. 15: »(N)ach dem Zweiten Weltkrieg galt es als politisch opportun, Jesus ausschließlich als Juden zu würdigen und seine hellenistischen Wurzeln zu vernachlässigen. ... Erst in den 1980er Jahren bahnte sich ein Wandel an. In einer zunehmend multikulturellen Welt entstand wieder Interesse am hellenistischen Judentum, nun stets mit Blick auf die Evangelien. ... Aus ›Jesus der Jude‹ kann nun ›Jesus der hellenistische Jude‹ und ›Jesus der jüdische Kyniker‹ werden.«

So erscheint Jesu Gewissheit, dass der Satan bereits besiegt worden sei[15], im Judentum sonst nicht.

*Wachstumskriterium (**WK**)*: Die Endgestalt mancher Texte aus den Evangelien kann man mit einer Zwiebel vergleichen, von der sich eine Haut nach der anderen abziehen lässt. Je älter eine Texteinheit ist, desto stärker wird sie oft von jüngerer Tradition überlagert.[16] Beispiele dafür sind die ethischen Radikalismen der Bergpredigt. Dort ergänzen z.B. Anweisungen »Jesu«[17] das absolute Schwurverbot des historischen Jesus[18] und relativieren es deutlich.

*Kohärenzkriterium (**KK**)*: Wenn sich aus einer bestimmten Aussage oder Aktion Jesu eine nahtlose Zuordnung zu anderen, sicher von ihm stammenden Taten oder Sprüchen ergibt, spricht dies für deren Echtheit.

Zu Beginn des Buches (»Anfang in Nazareth«) informiere ich über Geburt, Familie und Beruf Jesu, am Ende (»Ausgang in Jerusalem«) über Jesu Hinrichtung und die Reaktion der Jünger. Den letzteren Abschnitt habe ich hinzugefügt, weil wir Jesus ohne das »nachösterliche« missionarische Wirken seiner Jünger nicht kennen gelernt hätten. Abschnitte über Geburt und Tod Jesu rahmen so die Präsentation seiner echten Taten und Worte.

Den Jesuslogien der neutestamentlichen Evangelien liegen oft aramäische Originale zugrunde.[19] Ebenso ist das koptische EvTh eine Übersetzung griechischer Sprüche, die eine aramäische Basis haben. Dies schränkt die Erfolgsaussichten ein, echte Worte und Taten Jesu zu finden.

[15] Vgl. Lk 10,18.

[16] Vgl. Georg Strecker: *Die Bergpredigt. Ein exegetischer Kommentar,* Göttingen 1984, S. 11.

[17] Mt 5,34b–37.

[18] Mt 5,34a.

[19] Vgl. Julius Wellhausen: *Evangelienkommentare,* Berlin 1987, S. 7–32 (§ 2. Die Sprache der Evangelien«); Joachim Jeremias: *Neutestamentliche Theologie. Erster Teil. Die Verkündigung Jesu,* Gütersloh 1971, S. 14–19 (»Die aramäische Grundlage der Jesuslogien der Synoptiker«).

Ohnehin ist im günstigsten Fall nur eine hohe Annäherung an die echten Worte Jesu zu erreichen. Wir stoßen auf das Urgestein, die unmittelbare Nähe, nicht aber auf die Worte Jesu selbst.

Gleiches gilt für die Taten Jesu: Wenn gesagt wird, dies oder jenes sei historisch zutreffend, kann es sich auch dabei nur um eine große Nähe zu dem handeln, was damals wirklich geschah. Mehr noch als die Überlieferung von Worten zieht die erzählende Wiedergabe von Ereignissen leicht Veränderungen des Ursprünglichen nach sich.

# SIEBEN HARTE FAKTEN

Vorab einige Klarstellungen zum Begriff »Objektivität« bzw. »Fakten«.

GERD THEISSEN führt aus: »Historische Daten üben einen Widerstand gegen moderne Interpretationen aus und lassen nicht alles mit sich machen. Sonst wäre Jesusforschung keine historische Wissenschaft, sondern Dichtung.«[20] Später fährt THEISSEN fort:

»Historische Fakten« sind ... keine »Bauklötze«, die gleich bleiben, unabhängig davon, was Kinder mit ihnen spielen. Aber dennoch üben sie einen energischen Widerstand aus: Nicht jede historische Aussage ist möglich, nicht jede Interpretation passend, nicht jeder Kontext trifft zu.«[21]

Ich füge hinzu: Alle Aussagen, auch solche mit dem Anspruch auf Objektivität, sind Aussagen menschlicher Subjekte. Dieser Verzicht auf einen naiven Objektivitätsbegriff bedeutet keinesfalls das Ende des Wahrheits- und Allgemeinheitskriteriums durch das Abgleiten in einen Subjektivismus. Denn Objektivität ist richtig zu fassen als intersubjektive Gültigkeit eines Vorgestellten.[22]

1. Jesus stammte aus Galiläa. Er hatte mehrere Geschwister. Die Namen seiner Brüder waren Jakobus, Joses, Judas, Simon; seine Mutter hieß Maria. Name und Identität seines Vaters waren unbekannt.

2. Die Taufe Johannes des Täufers geschah zur Vergebung der Sünden (Mk 1,4). Ihr unterzog sich auch Jesus und teilte Johannes' Erwartung, dass Gott in der nahen Zukunft Gericht halten werde.

3. Jesus setzte voraus, dass Satan aus dem Himmel gestürzt worden sei. Dies bestätigten Jesus seine eigenen Exorzismen, durch die

[20] GERD THEISSEN: *Von Jesus zur urchristlichen Zeichenwelt. »Neutestamentliche Grenzgänge« im Dialog*, Göttingen 2011, S. 96.

[21] THEISSEN, *Zeichenwelt*, S. 97.

[22] Der letzte Absatz, bei dessen Formulierung mir seinerzeit Andreas Technow geholfen hat, ist ein Zitat aus GERD LÜDEMANN: *Die Auferstehung Jesu. Historie, Erfahrung, Theologie*, Göttingen 1994[1], S. 32; Stuttgart 1994[2], S. 29.

Satans Diener, die Dämonen[23], verjagt wurden. Infolge magisch-exorzistischer Erfolge hatte Jesus großen Zulauf in der Bevölkerung Galiläas.

4. Jesus richtete den Umkehrruf an das jüdische Volk und dessen religiöse Führer. Von seinem missionarischen Eifer nicht ablassend, erzählte er Gleichnisse vom nahen Reich Gottes und spannende Geschichten, die von einer poetischen Kraft zeugten. Als Prophet verschärfte und kritisierte Jesus die Thora, weil er sich dazu von Gott, den er liebevoll »Abba« nannte[24], berufen fühlte.

5. Jesus gründete den Zwölferkreis in der Erwartung, dies werde demnächst zur Wiederherstellung der zwölf Stämme Israels führen. Er war ein Wanderlehrer und sammelte Jünger um sich. Sein Leben hatte ein Gefälle nach unten, zu Armen, anrüchigen Frauen, Zöllnern und »Sündern«; mit ihnen allen hielt er, wenn sie wollten, Tischgemeinschaft.

6. Mit einer symbolischen Handlung, dem Umstürzen der Tische der Geldwechsler, kündigte er die Zerstörung des alten Heiligtums an, um dem neuen Tempel Platz zu schaffen; er wartete auf das unmittelbar bevorstehende Ende der alten Welt.

7. Jesus war ganz Mensch; er hatte Leib und Seele wie wir und war den gleichen medizinisch-biologischen Gesetzen unterworfen. Er wurde wie alle Menschen von einem Mann gezeugt und von einer Frau geboren. Er starb, ebenso wie alle Menschen starben oder sterben werden. In den letzten acht Minuten des Lebens geschah mit seinem Körper, was mit dem Körper jedes sterbenden Menschen geschieht[25]:

Der Tod tritt mit dem definitiven Verlust der Funktionsfähigkeit des Großhirns etwa acht Minuten nach Stockung der Blutzufuhr ein. Die vier biologischen »Eintrittspforten des Todes« (Hirn, Herz, Lunge, Blut) bewirken,

[23] Zur Frage, was wir uns heute unter Dämonen vorstellen können, s. unten, S. 26–36.

[24] Mk 14,36 (vgl. Lk 11,2). Auch Paulus nannte Gott wiederholt »Abba«: Röm 8,15; Gal 4,6.

> daß man den *Vorgang des Sterbens* äußerlich wahrnehmen kann. Versagen der Atmung, der Sauerstoffversorgung, des Blutumlaufs, des Herzmuskels und Veränderung des Blutes selbst haben wahrnehmbare Folgen. Als wahrnehmbare Vorboten des Todes lassen sich nennen: »Verwesungsgeruch in der Ausatmungsluft; die Facies hippocratica mit der sich scharf profilierenden Nase, dem halboffenen Mund, dem Herabsinken der Augenlider; unwillkürlicher Abgang von Urin und Kot; kalter Schweiß und Totenblässe der Haut.«[26]

Diesem erbärmlichen und zugleich normalen menschlichen Sterben Jesu folgte aus medizinisch-biologischen Gründen *keine* Auferstehung.[27]

[25] Zum Folgenden vgl. EBERHARD JÜNGEL: *Tod*, Stuttgart 1971, S. 25–38.

[26] JÜNGEL, *Tod*, S. 33 (Zitat aus ADOLF FALLER: Biologisches von Sterben und Tod, in: Anima 1956, S. 260ff).

[27] Zu den historisch-kritischen Einwänden gegen eine leibliche Auferstehung Jesu vgl. GERD LÜDEMANN: *Die Auferweckung Jesu von den Toten. Ursprung und Geschichte einer Selbsttäuschung*, Springe 2002.

# ANFANG IN NAZARETH

## 1. Geburt

Im Neuen Testament stehen zwei Geburtsgeschichten, Mt 1,1–2,23 und Lk 2,1–40.[28] Sie sind historisch unvereinbar:

Die Datierungen der Geburt Jesu stimmen nicht überein: Bei Mt erfolgt die Geburt Jesu noch zu Lebzeiten Herodes des Großen (gestorben 4 v. Chr.)[29], bei Lk hingegen kurz nach einer von Kaiser Augustus angeordneten Steuerschätzung, als Quirinius Statthalter von Syrien war (ab 6 n. Chr.).[30]

Im EvMt wohnen die Eltern in Bethlehem[31], und erst nach der Rückkehr aus Ägypten siedeln sie nach Nazareth um.[32] Der Verfasser des EvLk dagegen lässt die Eltern vor der Geburt Jesu von ihrem Wohnort Nazareth nach Bethlehem ziehen.[33]

Von Magiern aus dem Morgenland, einem Wunderstern, einer Flucht nach Ägypten und einem Kindermord des Herodes berichtet Lk nichts[34]; umgekehrt kennt Mt keine Verkündigung der Geburt Jesu an die Hirten.[35]

Außerdem erzählt Mt die Empfängnis Jesu nicht direkt, sondern nur ihre Folgen.[36] Der Leser begegnet im EvMt »Aufklärung in

[28] Vgl. Lk 2,41–52.
[29] Mt 2,1.
[30] Lk 2,1–7.
[31] Mt 2,1.
[32] Mt 2,19–23.
[33] Lk 2,4–5.
[34] Mt 2,1–23.
[35] Lk 2,8–20.
[36] Man beachte, dass bereits Mt 1,18–25, den »wirklichen« Ursprung Jesu Christi klarstellt: Die Zeugung Jesu erfolgte angeblich durch den heiligen Geist und nicht durch einen Mann.

erzählender Form. Das Heilige wird nicht dargestellt zwecks Erbauung, sondern erwiesen zwecks Verteidigung.«[37]

> (H)ier wird der Verdacht der Gegner widerlegt, indem der Verdacht des Josef beschwichtigt wird. Nicht das Wunder steht im Mittelpunkt, sondern seine Rechtfertigung gegenüber entstellender Mißdeutung. Diese Darstellung bietet also sicher nicht die Form, in der die Christen zuerst von der wunderbaren Erzeugung des Heilandes erzählt haben. Sie setzt voraus, daß man davon erzählt hat, und daß diese Erzählung mißdeutet worden ist, so wie Josef selbst die Schwangerschaft der Maria mißdeutet.[38]

Das EvMk enthält zwar keine Geburts- oder Kindheitsgeschichte Jesu. Doch erlaubt die nun folgende Erzählung Mk 6,1–3 einige Schlüsse zu Jesu Herkunft.

#### TATSACHEN

Jesus wurde ebenso wie Johannes der Täufer[39] beschnitten, denn dies ist quellenmäßig belegt[40] und entsprach der Thora.[41]

## 2. Familie und Beruf

### *Mk 6,1–3*: Die Ablehnung Jesu, des Sohnes der Maria, in seiner Vaterstadt

1 Und er ging von dort weg.
Und er kommt in seine Vaterstadt, und seine Jünger folgen ihm.
2 Und als es Sabbat wurde, begann er in der Synagoge zu lehren.
Und viele, die zuhörten, erregten sich und sagten:
Woher hat dieser dies?
Und was ist das für eine Weisheit, die diesem gegeben wurde,
und derartige Machttaten, die durch seine Hände geschehen?
3a Ist dieser nicht der Zimmermann,
3b der Sohn der Maria

[37] Martin Dibelius: *Botschaft und Geschichte. Gesammelte Aufsätze*. Band 1, Tübingen 1953, S. 24.
[38] Dibelius, *Botschaft und Geschichte,* S. 24.
[39] Lk 1,59.
[40] Lk 2,21.
[41] Beschneidung am 8. Tag: Gen 17,12; Lev 12,3.

[3c] und Bruder von Jakobus und Joses und Judas und Simon?
[3d] Und sind nicht seine Schwestern hier bei uns?
Und sie nahmen an ihm Anstoß.

Die Erzählung vom gescheiterten Auftreten Jesu in seiner Vaterstadt handelt davon, dass deren Bewohner Jesu religiösen Anspruch für einen Skandal hielten und wegen seiner Herkunft Anstoß an ihm nahmen.

Die Frage der Zuhörer streicht heraus, dass es mit Jesus nichts Außergewöhnliches auf sich habe: Er sei doch der Zimmermann, über den sie Bescheid wüssten. Und ebenso seien seine Brüder und seine Schwestern bekannt.

## TATSACHEN

In V. 3b fällt die Bemerkung auf, Jesus sei der »Sohn der Maria«. Dieser Ausdruck ist ungewöhnlich, denn ein jüdischer Mann wurde in der Regel nach dem Vater genannt, selbst dann, wenn dieser schon gestorben war.[42]

Einen wesentlichen Grund dafür, dass »Sohn der Maria« *polemisch* gemeint ist, liefern zusätzlich Mt und Lk, die unabhängig voneinander Mk 6,3 bearbeiten. Sie ändern jeweils »Sohn der Maria« in »Sohn des Joseph«[43] bzw. »Sohn des Handwerkers«[44].

Der Ausdruck »Sohn der Maria« legt den Finger auf einen wunden Punkt der Abstammung Jesu. Sie sei nicht legitim und Joseph nicht Jesu leiblicher Vater. Wäre Jesus wirklich ein leiblicher Sohn Josephs, hätte kein christlicher Schriftsteller Jesus »Sohn der Maria« genannt, denn damit galt Jesus als »Bastard«[45].

Dass die in V. 3c genannten vier Personen (Jakobus, Joses, Judas, Simon) Jesu leibliche Brüder waren, scheint sicher und ebenso, dass Jesus leibliche Schwestern hatte.

42 Man vgl. die Namen von einigen bekannten Rabbinen: Johanan, Sohn des Zakkai; Akiba, Sohn des Joseph; Hanania, Sohn des Dosa.

43 So Lk 4,22.

44 So Mt 13,55.

45 Vgl. in diesem Sinne Joh 8,41: (Die »Juden« zu Jesus:) Wir sind nicht aus Unzucht geboren.

Jesus arbeitete als Zimmermann (Mk 6,3a). »Eine hohe Identifikation mit diesem Handwerk kann kaum vorhanden gewesen sein. Es begegnet fast nie in den Gleichnissen als bildspendender Bereich, hier dominieren landwirtschaftliche Bilder.«[46] Seinen Beruf übte Jesus während seiner Zeit als Prediger des Reiches Gottes wohl nicht aus.[47]

Neuerdings wird öfters behauptet, Jesus habe lesen können[48] und teilweise sogar eine griechische Bildung besessen.[49] Die vorhandenen Texte lassen diesen Schluss m. E. aber nicht zu[50], und Jesu Muttersprache war aramäisch. »Für Jesu *Worte* allein steht eine aramäische Originalgestalt unbestreitbar fest«.[51] Außerdem gab es zur Zeit Jesu in Palästina unter den Juden ca. 95% Analphabeten.[52] Die Fähigkeit, lesen und schreiben zu können, war eher ein städtisches Phänomen. Die jüdische Bevölkerung Palästinas lebte überwiegend auf dem Land[53], und Jesus wuchs im galiläischen Dorf Nazareth auf.[54]

[46] GERD THEISSEN: *Studien zur Soziologie des Urchristentums*, Tübingen 1979, S. 111.

[47] Vgl. GEZA VERMES: *Jesus der Jude. Ein Historiker liest die Evangelien*, Neukirchen-Vluyn 1993, S. 8.

[48] GERD THEISSEN / ANNETTE MERZ: *Der historische Jesus*, Göttingen 1996, S. 318–319.

[49] LANG, *Jesus der Hund*, S. 139: »Jesu Bildung enthielt zweifellos auch griechisches Wissensgut.«

[50] Herangezogen werden Lk 4,17; Joh 7,15; 8,6. 8 – allesamt Texte ohne historischen Wert.

[51] GUSTAF DALMAN: *Die Worte Jesu mit Berücksichtigung des nachkanonischen jüdischen Schrifttums und der aramäischen Sprache*. Band 1. Einleitung und wichtige Begriffe, Leipzig 1930[2] (= Darmstadt 1965), S. 57.

[52] Vgl. CATHERINE HEZSER: *Jewish Literacy in Roman Palestine*, Tübingen 2001, S. 496–504. Die Zahl der Analphabeten unter Römern wird auf 90% geschätzt. Vgl. ferner den Überblick von CHRIS KEITH: *Jesus' Literacy. Scribal Culture and the Teacher from Galilee*, Edinburgh 2011, S. 72–85. 190–192. Jedoch meint Keith offenbar, dass Jesus lesen und schreiben konnte.

[53] Vgl. HEZSER, *Jewish Literacy*, S. 496.

[54] Mt und Lk nennen Nazareth fälschlich eine »Stadt« (Mt 2,23; Lk 1,26).

# ECHTE TATEN

## 1. Trennung von der Familie

Mk 3 beschreibt das zerrüttete Verhältnis Jesu zu seiner Familie. »Was wir als Familiensinn bezeichnen, war Jesus fremd; verwandtschaftliche Bindungen galten ihm als geradezu schädlich.«[55]

### ***Mk 3,20–21. 31–32:*** Jesu Familie

*Mk 3,20–21*

20 Und die Volksmenge kommt wiederum zusammen, so dass sie nicht einmal Brot essen können.

21 Und als es die Seinen hörten, zogen sie aus, um ihn zu ergreifen; denn sie sagten: Er ist verrückt geworden.

V. 20–21 sind der Auftakt zu einer Geschichte über »Jesus und die Dämonen« (V. 22–30), in der Schriftgelehrte aus Jerusalem gegen Jesus die Anklage der Besessenheit erheben.[56] Dieser Angriff steigert die Kritik der Verwandten aus V. 21 noch.

In V. 31 führt Mk die in V. 20–21 begonnene, in V. 22–30 unterbrochene Erzählung fort:

*Mk 3,31–32*

31 Und es kommen *seine Mutter und seine Brüder.* Und *draußen* stehend
sandten sie zu ihm und ließen ihn rufen. 32 Und um ihn herum saß eine Volks-
menge. Und sie sagen ihm: Siehe, *deine Mutter und deine Brüder* und deine Schwestern *draußen* suchen dich.

Mk kennzeichnet in V. 31–32 »die Seinen« aus V. 20 nachträglich als leibliche Familie Jesu. Der Vater wird nicht genannt.

55 Lang, *Jesus der Hund,* S. 83.

56 Zur Analyse des Textes s. unten, S. 32–33.

Die Familie Jesu hielt ihn für verrückt (V. 21). Eine solche Nachricht wäre zu anstößig, als dass man sie leichthin erfunden hätte (*AK, DK*). Zudem lassen Mt 12,22–24 und Lk 11,14–16 bei der Verarbeitung des EvMk diese Notiz ersatzlos aus (*AK*).

## 2. Taufe durch Johannes

Jesus *ließ* sich von Johannes taufen. Deswegen rechne ich die Taufe im weitesten Sinn zu den »Taten« Jesu.

Wie oben ausgeführt, gehört die Taufe Jesu durch Johannes zur Vergebung der Sünden zu den harten Fakten. Diese Taufe erlaubt den Schluss, dass Lehrer und Schüler Grundüberzeugungen teilten; sie erwarteten z. B., Gott richte die Menschen, falls diese sich nicht taufen ließen und umkehrten; das Ende der Welt stehe vor der Tür.

Die (frühen) Christen glaubten an Jesu Sündlosigkeit[57], denn nur ein Sündloser könne Sünden von anderen tragen. Indes sah sich Jesus selbst der Buße bedürftig und als Sünder an. Für die Sünden der Welt sterben wollte er gerade nicht.

Jesus hielt sich nicht für den Sohn Gottes und nannte Gott allein gut. Als ein Reicher ihn einmal als »guten Lehrer« anredete und fragte, was er tun solle, um das ewige Leben zu erben, antwortete Jesus: »Was nennst du mich gut? Niemand ist gut außer einem einzigen, (nämlich) Gott.«[58]

Da die ältesten Evangelien (EvMk, EvMt, EvLk) die Taufe Jesu durch Johannes nicht aus der Welt zu schaffen vermochten, schönten sie dieses Faktum theologisch. Anbei die Belege:

***Mk 1,9–11***: Taufe Jesu (1)

9 Und in jenen Tagen kam Jesus aus Nazareth in Galiläa und wurde im Jordan von Johannes getauft.

[57] Vgl. Joh 8,46; Hebr 4,15; 1Pet 2,22; 1Joh 3,5.
[58] Mk 10,18.

[10] Und sogleich, als er aus dem Wasser stieg, sah er die *Himmel* sich öffnen und den Geist wie eine Taube auf sich herabsteigen. [11a] Und eine Stimme erscholl aus den *Himmeln*: [11b] Du bist mein geliebter Sohn, an dir habe ich Wohlgefallen.

Dieser Text ist der älteste erhaltene Beleg der Taufe Jesu durch Johannes. Nach Mk 1,11b adoptiert Gott in der Taufe Jesus als Sohn. Diese Adoption wird literarisch aufgenommen in der Verklärungsszene, wo Gott Jesus als Sohn proklamiert[59], und weitergeführt durch den heidnischen Hauptmann, der Jesus unter dem Kreuz als Sohn Gottes akklamiert.[60]

Mk erwähnt in seiner Schilderung der Taufe Jesu durch Johannes nicht, dass sie zur Vergebung der Sünden geschah. Damit mindert er die Bedeutung dieser Taufe.

***Mt 3,13–15***: Taufe Jesu (2)

[13] Da kommt Jesus aus Galiläa an den Jordan zu Johannes, um sich von ihm *taufen* zu lassen.

[14] Der aber suchte ihn zu hindern und sagte: Ich bedarf dessen, dass ich von dir *getauft* werde, und du kommst zu mir?

[15] Jesus aber antwortete ihm: **Lass jetzt! Denn so gebührt es uns, alle Gerechtigkeit zu erfüllen.**

Da ließ er ihn.

Mt verarbeitet Mk 1,9–11. Jesu Reaktion auf Johannes – sein *erstes Wort* im EvMt (in Fettdruck) – weist den Täufer und die Jesusjünger an, ebenso wie Jesus selbst alle Gerechtigkeit zu erfüllen. Dies entspricht der Theologie des ersten Evangelisten. Mit dem Begriff »Gerechtigkeit« bezeichnet Mt Taten.[61]

[59] Mk 9,7: Dies ist mein geliebter Sohn, hört auf ihn!

[60] Mk 15,39: Wahrhaftig, dieser Mensch war Gottes Sohn!

[61] Vgl. Mt 3,5; 5,6. 10. 20; 6,1. 13; 21,32.

### *Lk 3,21–22*: Taufe Jesu (3)

21 Als sich aber alles Volk *taufen* ließ und (auch) Jesus *getauft* wurde und betete, tat sich **der Himmel** auf, 22 und der heilige Geist fuhr hernieder auf ihn in leiblicher Gestalt wie eine Taube, und eine Stimme kam aus **dem Himmel**: Du bist mein lieber Sohn, an dir habe ich Wohlgefallen.

Auch Lk verarbeitet Mk 1,9–11. Er spielt die Einzeltaufe Jesu herunter, weil sie ihn als Christen verlegen macht, und ordnet sie der Taufe des ganzen Volkes zu. Er schildert die Taufe Jesu und des Volkes sogar *ohne* die Hauptperson, Johannes den Täufer, denn dieser war im Bericht des EvLk bereits vorher gefangen gesetzt worden.[62]

An allen diesen Stellen zeigt sich massiv das urchristliche Bestreben, die Taufe Jesu umzudeuten. Das EvJoh berichtet dann überhaupt nicht mehr von ihr; Johannes und Jesus taufen beide unabhängig voneinander.[63] Nur wer von der Taufe Jesu durch Johannes wusste, konnte erkennen, dass das Zeugnis des Täufers in Joh 1,29–34 indirekt darauf Bezug nimmt.

### TATSACHEN

Wir sagten oben (S. 23): Die Tatsache der Taufe Jesu durch Johannes zeige an, dass Schüler und Lehrer religiöse Werte teilten. Das gilt auch für die Zeit nach der Trennung Jesu vom Täufer: Jesus hielt an dessen Naherwartung fest. (Die Jerusalemer Kirche und vorpaulinische Gemeinden hofften ebenfalls auf das baldige Ende der Welt.[64]) Ferner dürfte sich Jesu Anspruch, Sünden zu vergeben (Mk 2,10; Lk 7,47), auf die Johannestaufe »zur Vergebung der Sünden« berufen haben.

Wie lange sich Jesus in der Umgebung des Täufers aufgehalten hat, bleibt unklar. Doch belegt die in den neutestamentlichen Evangelien und in der Apostelgeschichte sichtbare Rivalität zwischen Jesus- und Johannesjüngern[65], dass Jesus schon bald nach seiner Taufe durch Johannes eigene Wege gegangen sein muss.

[62] Lk 3,20.
[63] Joh 3,22–23; 4,1. Man beachte die Korrektur in Joh 4,2.
[64] Vgl. Mk 9,1; 1Kor 16,22; 1Thess 4,13–17.
[65] Joh 1,6–8. 30; Apg 18,24–19,7.

Dieser Aufbruch hatte verschiedene Gründe:

(1) Jesus behagte auf Dauer nicht der asketische Lebensstil des Täufers. Während ein Fremdzeugnis in Q[66] den Täufer als Person beschreibt, die »weder isst noch trinkt«, so stellt dieses Fremdzeugnis Jesus »als Fresser und Weinsäufer« hin. Die Differenz in der Wahrnehmung des Lehrers und des Schülers hätte nicht größer sein können. Sie beruht auf Fakten (*AK*).

(2) Jesus entdeckte in sich die Fähigkeit, Besessene zu heilen. Indes sind vom Täufer keinerlei Exorzismen und sonstige Wundertaten bekannt.

(3) Für Jesus rückte das »Reich Gottes« – der Bereich, wo Gott als König herrscht, das Böse beseitigt wird und die Verhältnisse sich umkehren – in den Mittelpunkt der Verkündigung.[67]

Demgegenüber kam »Reich Gottes« in der Predigt des Täufers nicht vor. »Erst später ist dessen Ankündigung auch dem Johannes in den Mund gelegt worden, um die Botschaft des Täufers als prinzipiell mit derjenigen Jesu übereinstimmend darzustellen.«[68]

## 3. Exorzismen und andere Heilungen

### Exkurs I: Jesus, der Dämonenbeschwörer, und die moderne Medizin

Rudolf Bultmann erinnert uns bis heute daran, dass die biblische Wunderwelt dem modernen Menschen fremd sei; er habe keinen Zugang zu ihr:

> Man kann nicht elektrisches Licht und Radioapparat benutzen, in Krankheitsfällen moderne medizinische und klinische Mittel in Anspruch neh-

[66] Mt 11,18–19a / Lk 7,33–34.

[67] Vgl. Joachim Jeremias: *Gleichnisse Jesu*, Göttingen 1970⁸, S. 218–220.

[68] Hartmut Stegemann: *Die Essener, Qumran, Johannes der Täufer und Jesus*, Freiburg 2004⁴, S. 317 (Mt 3,2; vgl. Mt 4,17 und Mk 1,15).

men und gleichzeitig an die Geister- und Wunderwelt des Neuen Testaments glauben.[69]

Wir kennen z. B. keine bösen Geister, die ausgetrieben werden müssten. Aufgrund des neuzeitlichen Weltbildes gibt es diese Dämonen gar nicht.

Neuerdings heben manche Theologen hervor: »Ob es Dämonen ›gibt‹ oder nicht, hängt von der sozial konstruierten Realität ab«[70]. Ich verstehe diesen Satz nicht. Ob es beispielsweise den Tod »gibt«, hängt ja auch nicht von der sozial konstruierten Realität ab, denn es gibt ihn einfach, ob wir ihn nun konstruieren oder nicht. Jedenfalls ziehe ich die reale Realität der sozial konstruierten Realität vor und betrete lieber eine Brücke, die Architekten gebaut haben, als eine, die von Dämonenbeschwörern stammt.

Krankheit ist nicht dämonische Besessenheit, wie Jesus es noch meinte. Dämonen existieren gar nicht, ebenso wenig wie Osterhase oder Weihnachtsmann. Ihre »Realität« beruht auf menschlichen Ängsten und Wünschen und ist für *alle* Zeit passé.

Die riesigen Erfolge der modernen Medizin zeigen, dass Exorzisten und Therapeuten, die Austreibungen von Dämonen als Schlüssel zur »Heilung« ansehen, albern und gefährlich sind.

Primitive Magie à la Jesus hat wirkliche Fortschritte in der Medizin geradezu unmöglich gemacht. So verhinderte in Judentum und Christentum das Dogma von der rituellen Unreinheit der Leichen (vgl. Lev 21,1–3) die wissenschaftliche Anatomie des menschlichen Körpers und bewirkte eine fortdauernde Unkenntnis der inneren menschlichen Organe.[71]

[69] RUDOLF BULTMANN: *Neues Testament und Mythologie. Das Problem der Entmythologisierung der neutestamentlichen Verkündigung.* Nachdruck der 1941 erschienenen Fassung, herausgegeben von Eberhard Jüngel, München 1985, S. 16.

[70] THEISSEN / MERZ, *Historischer Jesus*, S. 264.

[71] Vgl. Rudolf HENGEL / MARTIN HENGEL: *Die Heilungen Jesu und medizinisches Denken* (1959), in: ALFRED SUHL (Hg.): *Der Wunderbegriff im Neuen Testament*, Darmstadt 1980, S. 338–373, hier S. 342.

Jesus lebte in einer anderen Umgebung als wir. In seiner Welt stand die Existenz von bösen Geistern fest. Unter diesen Umständen konnten »Menschen ihre Probleme in ›dämonologischen‹ Formen zum Ausdruck bringen und … dafür sogar ›Verstärkung‹ durch Tolerierung ihres abweichenden Verhaltens, durch Zuwendung und exorzistische Therapie«[72] erhalten. Im Rahmen solcher therapeutischer Vorgänge betätigte sich Jesus als Exorzist und Heiler. Seine »Heilerfolge« waren im damaligen Rahmen beachtlich. Besser für Jesus und seine Zeitgenossen wäre es aber gewesen, wenn sie schon damals Zugang zu den heutigen Kenntnissen der Medizin gehabt hätten.

Es stimmt nachdenklich, dass das Urchristentum, Jesus eingeschlossen, »an die Spitze eines wachsenden Wunderglaubens in der Antike«[73] gehörte. Die medizinische Aufklärung musste lange warten, bis sich die Menschen aus den Klauen des Aberglaubens und der Angst befreien ließen.

Im Folgenden verstehe ich »Exorzismen« und »Heilungen« als Einheit, denn in beiden Therapieformen ging es darum, die im magisch-dämonologischen Weltbild Jesu vorhandenen Krankheitsdämonen zu verjagen und damit den Kranken zu helfen. Auf überscharfe Definitionen sei verzichtet. Ich beschreibe und erkläre Phänomene auf der Grundlage der vorhandenen Texte und heutigen Wissens. Die Historie besteht aus Übergängen und Mischungen, denen wir uns bei der Suche nach geschichtlicher Wahrheit anpassen müssen.[74]

### *Mk 1,32–39:*
### Heilung vieler Kranker und Besessener in ganz Galiläa

32 Nachdem es aber ABEND geworden war (und) als die Sonne untergegangen war, brachten sie zu ihm alle, denen es *schlecht ging*, und die Besessenen.
33 Und die ganze Stadt war vor der Tür versammelt.

72 Theissen / Merz, *Historischer Jesus*, S. 264.
73 Theissen / Merz, *Historischer Jesus*, S. 264.
74 Vgl. Jacob Burckhardt: *Weltgeschichtliche Betrachtungen,* Stuttgart [o.J.], S. 77.

34 Und er heilte viele, denen es aufgrund mancherlei Krankheiten *schlecht*
*ging*.
Und viele **Dämonen trieb er aus**, und er ließ die **Dämonen** nicht reden,
weil sie ihn kannten.

35 Und in der FRÜHE, noch ganz in der Nacht, stand er auf, ging weg und
ging an einen einsamen Ort und betete dort.
36 Und es verfolgten ihn Simon und die mit ihm, 37 und sie fanden ihn und
sagen ihm: Alle suchen dich.
38 Und er sagt ihnen: Lasst uns anderswohin gehen, in die benachbarten
Ortschaften, damit ich auch dort verkündige. Denn dazu bin ich ausgezogen.
39 Und er ging und verkündigte in ihren Synagogen in ganz Galiläa und
**trieb die Dämonen aus**.

Den vorliegenden Abschnitt Mk 1,32–39 hat der zweite Evangelist komponiert. Er schildert in ihm ausführlich Jesu Heiltätigkeit[75] und gibt zu erkennen, dass Jesus längere Zeit therapeutisch wirkte.

## TATSACHEN

Trotz editorischer Bearbeitung von V. 32–39 entspricht das von Mk beschriebene »Wirken« Jesu in ganz Galiläa der Geschichte. Anders wäre der große Zulauf zum Mann aus Nazareth nicht zu erklären.

Die Exorzismen, durch die er psychisch Kranke heilte, sind optimal dokumentierte »Wunder« im Neuen Testament. Nerven- und Geisteskrankheiten führte man damals auf das Wirken von Dämonen zurück. Als Oberster dieser bösen Geister galt Satan. Ihn »sah« Jesus angeblich »wie einen Blitz aus dem Himmel fallen«.[76] Damit war Satan im Himmel bereits besiegt und seine Überwindung, die fromme Juden erst von der Zukunft erwarteten, im Umkreis Jesu ansatzweise schon Gegenwart.[77]

75 Vgl. Mk 3,7–12; 6,53–56.
76 Lk 10,18.
77 Lk 11,20.

Jesus heilte Kinder, Frauen, Männer und entriss sie Satans imaginierter Herrschaft. Das geglaubte Reich Gottes ragte bereits in Jesu Gegenwart hinein.

***Mk 1,23–26***: Heilung eines Besessenen

23 Und sogleich war in ihrer Synagoge ein Mensch mit einem *unreinen Geist*,
und er schrie auf, 24 indem er sagte: Was (gibt es zwischen) uns und dir, Jesus,
Nazarener? Bist du gekommen, uns zu vernichten? Ich kenne dich (und
weiß), wer du bist: der Heilige Gottes!

25 Und Jesus bedrohte ihn, indem er sagte: Verstumme und ***FAHR AUS IHM AUS***!

26 Und der *unreine Geist* zerrte ihn und stieß einen lauten Schrei aus und ***FUHR AUS IHM AUS.***

V. 23–26: Die vorliegende Erzählung schildert einen Exorzismus; sie hat folgende typische Züge:

»1. der Dämon wittert den Beschwörer und sträubt sich,
2. Bedrohung und Gebot des Beschwörers,
3. Ausfahren des Dämons unter Demonstration.«[78]

### TATSACHEN

Das eruierte Traditionsstück beschreibt nicht etwa präzise ein bestimmtes »Wunder« Jesu, sondern beruht wie auch Mk 1,32–39 auf zutreffenden Erinnerungen an Jesu exorzistisches Wirken, die auf Mk oder seine Überlieferung zurückgehen. Denn die Fähigkeit Jesu, Geister zu beschwören[79], gehört – wie gerade betont – zu Jesus hinzu. Jedoch sei einschränkend bemerkt: Es geht immer nur *bedingt* um böse Geister, um *vermeintliche* Austreibungen von Dämonen, denn deren Existenz ist Schein. Wir können nicht sagen, dass Jesus wirklich Dämonen ausgetrieben habe, denn Dämonen, die es nicht gibt, kann man auch nicht austreiben.

78 Bultmann, *Synoptische Tradition*, S. 224.
79 Vgl. Lk 10,18; 11,20.

Die Zahl der von ihm therapierten Menschen war mit Sicherheit viel geringer, als die Texte aussagen. Ebenso wird niemand annehmen, dass Jesus spontan einen Gelähmten geheilt oder einen Toten auferweckt habe. Jedoch ging von Jesus eine Ausstrahlung aus, die andere Menschen in den Bann schlug und heilende Wirkungen entfaltete. Auch heute besitzen manche Menschen die Kraft, durch Handauflegen zu heilen, und die Berührung mit der Hand spielte ebenfalls im Wirken Jesu eine wichtige Rolle. Wir können uns also bis heute vorstellen, in welchem Rahmen und warum Jesus begrenzt zu heilen in der Lage war.

In den frühchristlichen Quellen herrscht die Tendenz, die magische Seite Jesu zurückzudrängen. Im MkEv, dem ältesten erhaltenen Evangelium der Kirche, stehen die meisten Exorzismen Jesu. Mt und Lk übernehmen die Exorzismen aus dem MkEv, lassen aber unabhängig voneinander zwei aus: die Geschichte vom Taubstummen[80] und die vom Blinden.[81] (Zu beiden Erzählungen s. sofort, S. 33–35.)

Das EvJoh berichtet von überhaupt keiner Austreibung böser Geister durch Jesus[82] und das EvTh auch nicht. »Das Zurücktreten der Exorzismen ist auffällig – ein Indiz dafür, daß gerade dieser Teil des Wirkens Jesu Schwierigkeiten bereitete und historisch ist.«[83]

Schließlich: Das EvMk enthält die längste Heilungsgeschichte im Neuen Testament, die Erzählung vom Dämonischen in Gerasa (Mk 5,1–20). Die Seitenreferenten Mt und Lk vermindern deren Umfang.[84]

[80] Mk 7,32–35.

[81] Mk 8,22–26.

[82] Man vgl. aber zwei Heilungsgeschichten: Joh 5,1–9 (»Die Heilung eines Kranken am Sabbat«) und Joh 9,1–11 (»Die Heilung des Blindgeborenen«). Die letztere Geschichte kennt den Einsatz von Speichel als Heilungsmittel (V. 6. 11).

[83] THEISSEN / MERZ, *Historischer Jesus*, S. 271.

[84] Mt 8,28–34; Lk 8,26–39.

Der historische Wert der Erzählung vom Dämonischen in Gerasa im Sinne einer Korrespondenz von Bericht und wirklichem Geschehen ist gleich null, denn diese Erzählung wurde sekundär auf Jesus übertragen.[85] Das konnte nur geschehen, weil Jesu Ruf als Exorzist sprichwörtlich war und einen Anhalt an der Wirklichkeit hatte. Insofern gilt für dieses »Heilungswunder« das Gleiche wie für Mk 1,23–26.

***Mk 3,22–30***: Der Vorwurf der Besessenheit

22 Und die von Jerusalem herabgekommenen Schriftgelehrten sagten: Er hat den Beelzebul, und: Durch den Führer der Dämonen treibt er die Dämonen aus.

23 Und er rief sie herbei und sagte ihnen in Gleichnissen:
Wie kann Satan Satan austreiben?
24 **UND WENN** ein Reich in sich ***GESPALTEN*** ist,
kann jenes Königreich *nicht bestehen*.
25 **UND WENN** ein **Haus** in sich ***GESPALTEN*** ist,
wird jenes **Haus** *nicht bestehen* können.
26 **UND WENN** der Satan gegen sich selbst aufgestanden ist und ***GESPALTEN*** wurde,
kann er *nicht bestehen*, sondern ist am Ende.

27 Aber niemand kann in das Haus des STARKEN hineingehen und seine Habe AUSPLÜNDERN, wenn er nicht zuerst den STARKEN bindet. Und dann wird er sein Haus AUSPLÜNDERN.

28 Amen, ich sage euch: Alles wird den Menschenkindern vergeben werden, die Sünden und die Lästerungen, wie viel sie auch lästern.
29 Wer aber gegen den Heiligen Geist lästert, hat keine Vergebung in Ewigkeit, sondern ist ewiger Sünde schuldig.

30 Denn sie sagten, er hat einen unreinen Geist.

Der obige Text, den die Episode von Jesus und seiner Familie einschachtelt (Mk 3,20–21. 31–32), berichtet vom Angriff der Schriftgelehrten aus Jerusalem gegen Jesus. Er habe nämlich den Dämon Beelzebul in sich und sei daher besessen (V. 22). Dies steigert den

[85] Vgl. WELLHAUSEN, *Evangelienkommentare*, S. 359. WELLHAUSEN, ebd., nennt die Geschichte einen »Schwank«. Jedenfalls regt sie zur Erheiterung an.

Vorwurf der Verwandten aus V. 21, Jesus sei von Sinnen. Die Attacke gegen Jesus in V. 30, er habe einen unreinen Geist, rundet die Texteinheit, die in V. 22 begonnen hatte, ab.

## TATSACHEN

V. 22: Jesu Exorzismen haben zum Vorwurf geführt, er stehe mit dem Teufel im Bund. Diese Kritik gehört sicherlich in das Leben Jesu, nicht in die Zeit nach Ostern[86] (*KK*).

V. 23b–27: Jesus hat die Sätze im vorliegenden Abschnitt im Gefühl des sicheren Sieges gesprochen und bezieht sich in ihnen auf Satan. Er versteht seine »Wundertaten« als Zeichen für den Anbruch des Reiches Gottes.

Die Sprüche V. 23b–27 bringen zum Ausdruck: Der Starke muss erst überwunden sein, ehe man sein Haus ausplündern kann. Das bedeutet: Erst wenn der Teufel besiegt ist, kann Jesus erfolgreich Exorzismen durchführen. Insofern bedingen Sieg über den Satan und Austreibung der Dämonen einander. Beides hat sich im Wirken Jesu ereignet (*KK*).

### *Mk 7,32–35*: Der Taubstumme

32 Und sie bringen ihm einen Taubstummen und bitten ihn, dass er ihm die Hand auflege.

33 Und er nahm ihn von der Volksmenge weg, für sich allein, legte seine
Finger in seine Ohren und spuckte aus und berührte seine Zunge. 34 Und er
blickte hinauf zum Himmel, seufzte und sagt ihm: Ephata, was heißt: Sei *geöffnet*!

35 Und seine Hörorgane *öffneten sich*, und die Fessel seiner Zunge wurde gelöst, und er redete richtig.

Die vorliegende Geschichte enthält eingangs die Bitte, dass Jesus einem Taubstummen die Hand auflege. Daraufhin setzt Jesus folgende Techniken ein:

[86] Vgl. Gerd Theissen: *Von Jesus zur urchristlichen Zeichenwelt*, Göttingen 2011, S. 98.

a) Jesus sondert den Taubstummen vom Volke ab,
b) er legt die Finger in die Ohren des Kranken,
c) er berührt die Zunge mit Speichel,
d) er spricht ein Zauberwort (*ephata*) aus.

Die Verwendung von Speichel als Augenheilmittel war bereits zur Zeit Jesu im antiken Judentum und seiner Umwelt üblich.[87] »Bei der Technik des Heilens verweilt die Erzählung mit besonderer Liebe.«[88]

### TATSACHEN

Zur Frage der Heilung eines Taubstummen ist ähnliches zu bemerken wie zu den Heilungen Jesu, die sich auf Besessene beziehen. Einzelne Therapien in verschiedenen Abstufungen sind geschehen, jedoch sicherlich nicht so häufig und eindeutig, wie die neutestamentlichen Evangelien sagen.

Trotzdem besitzt die vorliegende Erzählung wegen ihrer Detailliertheit einen hohen Anspruch auf Echtheit. Zudem mögen sich in ihr »Züge des ursprünglichen Vorgangs erhalten haben, die in anderen Heilungserzählungen wegen ihres Realismus ausgeschieden wurden«[89] (*MK*).

### ***Mk 8,22–26***: Der Blinde

22 Und sie kommen nach Bethsaida.
Und sie bringen ihm einen *Blinden* und bitten ihn, dass er ihn berühre.
23 Und er nahm die Hand des *Blinden* und führte ihn aus dem Dorf hinaus und spuckte auf seine Augen, legte ihm die Hände auf und fragte ihn: Siehst du etwas?
24 Und aufsehend sagte er: Ich sehe die Menschen, denn wie Bäume herumwandelnd schaue ich sie.
25 Darauf legte er wiederum die Hände auf seine Augen,
und er sah scharf und war wiederhergestellt und sah alles deutlich.

87 Vgl. Erich Klostermann: *Das Markusevangelium*, Tübingen 1950⁵, S. 73.
88 Klostermann, *Mk*, S. 73.
89 Hengel / Hengel, *Heilungen Jesu*, S. 357.

26 Und er schickte ihn in sein Haus und sagte: Geh nicht in das Dorf hinein!

Die vorliegende Geschichte ist der vom Taubstummen Mk 7,32–35 ähnlich. Sie enthält eingangs die Bitte, dass Jesus einen Blinden berühre. Daraufhin setzt Jesus folgende Techniken ein:

a) Jesus nimmt die Hand des Blinden,
b) er führt ihn weg aus dem Dorf hinaus,
c) er heilt ihn mittels Speichel und Handauflegung.

Die Erzählung unterscheidet sich von der in 7,32–35 nur darin, dass keine Zauberformel vorkommt und die Heilung in Stufen vonstatten geht.

Wie oben betont, erscheint keine der beiden Geschichten im EvMt oder im EvLk. Mt und Lk haben die Geschichte vom Taubstummen und die vom Blinden wegen der in ihnen vorhandenen zahlreichen magischen Züge bewusst ausgelassen (*MK*). Dies spricht für einen Abstand vom historischen Jesus. Zugleich geht aus der Existenz beider Texte im MkEv eine gewisse Nähe zum historischen Jesus hervor.

Dass Jesus mit einem Schlag so berühmt wurde, dürfte in seiner Fähigkeit begründet sein, »böse Geister« auszutreiben.[90] Diese Sicht entspricht der des Mk und »ist eine wichtige Korrektur zur allgemeinen Meinung, dass Jesus hauptsächlich ein Lehrer war«.[91]

### TATSACHEN

Der Wunderbericht Mk 8,22–26 geht auf eine geschichtliche Begebenheit zurück. Eine solch abstruse Geschichte wie die vorliegende lässt sich schwerlich aus der Gemeinde ableiten (*DK*).

#### *Mk 1,30–31*: Die Heilung der Schwiegermutter des Petrus

30 Die Schwiegermutter des Simon aber lag fiebernd danieder, und sogleich sagen sie ihm über sie (Bescheid).

[90] Zu den letzten beiden Paragraphen vgl. E. P. SANDERS: *The Historical Figure of Jesus*, London 1995, S. 153–154.

[91] SANDERS, *The Historical Figure of Jesus*, S. 154.

[31] Und er kam herbei und richtete sie auf, nachdem er die Hand (der Frau) ergriffen hatte. Und das Fieber verließ sie. Und sie bediente sie.

Die Geschichte ist ein schlicht erzähltes Heilungswunder, zu dem die magische Handlung (V. 31: »er ergriff die Hand«) und die Veranschaulichung der vollendeten Genesung (V. 31: »sie bediente sie«) passt.

### TATSACHEN

Die Erzählung einer Heilung der Schwiegermutter des Petrus beruht auf einem Faktum. Denn warum sollte man eine solche Geschichte erfunden haben? (*DK*).

Der Heilung der Schwiegermutter des Petrus vom Fieber liegt eine »Dämonenaustreibung« zugrunde, die Jesus einst durchgeführt hat.[92] Fieber wurde in der Antike ja auf das Wirken von »bösen Geistern« zurückgeführt. Jedoch sind die oben, S. 27–28, genannten Vorbehalte immer mitzubedenken.

Die Überlieferung, dass Petrus eine Schwiegermutter hatte, entspricht einer Notiz in den Paulusbriefen, dass Petrus verheiratet war.[93]

## 4. Sündenvergebung

### *Mk 2,1–12*: Heilung und Sündenvergebung

[1] Und als er nach (einigen) Tagen wieder nach Kapernaum hineingekommen
war, hörte man, dass er im Haus sei. [2] Und viele versammelten sich, so dass
sie keinen Platz mehr hatten, nicht einmal vor der Tür, und er richtete an sie
das Wort.

[3] Und sie kommen und bringen zu ihm einen **Gelähmten**, der von Vieren
getragen wird. [4] Und da sie ihn wegen der Volksmenge nicht zu ihm tragen

[92] Vgl. die über Mk 1,31 hinausgehende Parallele Lk 4,39: Jesus »*bedrohte* das Fieber, und es verließ sie«. Dieser Text gestaltet die Dämonenaustreibung narrativ aus.

[93] 1Kor 9,5.

konnten, deckten sie das Dach ab, wo er war, und gruben es auf und lassen die Bahre herab, worauf der **Gelähmte** lag.

[5] Und als Jesus ihren Glauben sah,

**sagt er dem Gelähmten**: Kind, (in diesem Moment) werden deine ***SÜNDEN VERGEBEN***.

[6] Es saßen dort aber einige der Schriftgelehrten und DACHTEN IN IHREN HERZEN: [7] Warum redet dieser so? Er lästert! Wer kann ***SÜNDEN VERGEBEN*** außer einzig (und allein) Gott?

[8] Und sogleich erkennt Jesus in seinem Geist, dass sie so bei sich denken, und sagt ihnen: Warum DENKT IHR dies IN EUREN HERZEN? [9] Was ist leichter? **Dem Gelähmten zu sagen**: Deine ***SÜNDEN*** werden ***VERGEBEN***, oder zu sagen: *Steh auf und heb deine Bahre auf* und geh umher? [10] Damit ihr aber erkennt, dass der Menschensohn Vollmacht hat, ***SÜNDEN*** zu ***VERGEBEN*** auf der Erde –

**sagt er dem Gelähmten**: [11] Dir sage ich, *steh auf, heb deine Bahre auf* und geh in dein Haus!

[12] Und er *stand auf und nahm* sogleich *die Bahre* und ging vor allen hinaus, so dass alle außer sich gerieten und Gott priesen, indem sie sagten: So (etwas) haben wir noch nie gesehen!

Das Stück enthält zwei erzählerische Spitzen[94]: *erstens* das Wunder (V. 11–12), *zweitens* das Wort von der Vergebung der Sünden (V. 10). Letzteres wurde samt der dazugehörigen Szene (V. 6–9) in die Wundererzählung eingefügt. Das Stück V. 5b–10 ist nur im Zusammenhang der Geschichte von der Heilung des Gelähmten verständlich.

### TATSACHEN

V. 3–5a. 10b–12: Die Geschichte von der Heilung des Gelähmten ist unecht. Sie gehört zur urchristlichen Propaganda; diese schrieb dem Herrn Jesus alle möglichen Mirakel zu. Doch bleibt zu beachten: Jesus hat in Einzelfällen »geheilt«.

[94] Zur Analyse vgl. BULTMANN, *Synoptische Tradition*, S. 12.

V. 5b–10a: Bultmann zufolge ist das vorliegende Textstück entstanden, »weil die Gemeinde ihr Recht der Sündenvergebung auf Jesus zurückführen will«.[95] Bultmann verneint also die Historizität der Szene.

Obwohl die Gestaltung der Kulisse sicher erst auf die urchristliche Gemeinde zurückgeht, dürfte Jesu Anspruch, Sünden an der dafür vorgesehenen jüdischen Instanz vorbei vergeben zu können, historisch sein. (Er war ja Schüler Johannes des Täufers.)[96] Wer als Jude heilte, wusste auch über den allgemein vorausgesetzten Kausalzusammenhang zwischen Krankheit und Sünde Bescheid.[97]

Die Fähigkeit, Wunder zu wirken, führte beim historischen Jesus zur Ambition, Sünden zu vergeben. Daher dürfte Jesu Akt der »Sündenvergebung« in der vorliegenden Geschichte auf einer Tatsache beruhen. Nur Lk wagte an anderer Stelle, von einer Sündenvergebung Jesu zu berichten[98] (*SK*). So anstößig war der Akt der Sündenvergebung durch Jesus (*AK*).

## 5. Berufungen der ersten Jünger

### *Mk 1,16–20*: Berufung des Brüderpaars Simon und Andreas sowie der Zebedaiden Jakobus und Johannes

16 Und als er am See von Galiläa entlangging, ***sah er*** Simon und Andreas, den Bruder Simons, (Netze) im See auswerfen. Sie waren nämlich Fischer.

17 Und Jesus sagte ihnen: Hierher, mir nach! Und ich werde dafür sorgen, dass ihr Menschenfischer werdet.

18 Und sogleich *ließen* sie ihre Netze *zurück* und folgten ihm.

19 Und als er ein wenig weitergegangen war, ***sah er*** Jakobus, den (Sohn) des Zebedäus, und Johannes, seinen Bruder, auch sie im Boot, wie sie die Netze instand setzten.

20 Und sogleich rief er sie.

[95] Bultmann, *Synoptische Tradition*, S. 13.
[96] Vgl. oben, S. 25 und unten, S. 103–104.
[97] Vgl. Joh 5,14; 9,2–3; 1Kor 11,30.
[98] Lk 7,47 [und Lk 7,48].

Und sie *ließen* ihren Vater Zebedäus im Boot *zurück* mit den Tagelöhnern und gingen weg, ihm nach.

Der Erzählstil ist nüchtern; der Ruf Jesu und die positive Reaktion der Jünger werden quasi protokolliert. Jesus befindet sich nunmehr oft auf der Wanderschaft. Die Namen in V. 16 und V. 19 sind traditionell.

## TATSACHEN

Daran, dass die beiden genannten Brüderpaare – Simon und Andreas, Jakobus und Johannes – Fischer waren und von Jesus berufen wurden, ist kein Zweifel möglich. Die von Jesus zu seinen Lebzeiten ausgesandten Jünger waren keine Menschenfischer im österlichen Sinne[99], sondern Sendboten des Reiches Gottes, die in galiläische Orte auszogen.[100]

Trotzdem bleibt Wellhausens Vorbehalt gegenüber der Historizität des vorliegenden Berichts zu beachten: »Die Aufforderung (Jesu) zündet wie der Blitz. Mit einem Schlage werden die vier Fischer aus ihrem Gewerbe … von einem am See auftauchenden Unbekannten herausgerissen. Die Sache wird sich in Wahrheit wohl etwas anders zugetragen haben.«[101]

Die Einzelheiten der Art der Berufungen werden wir nie erfahren. (Man beachte, dass an anderen Stellen Jünger nicht berufen werden, sondern von sich aus zu Jesus kommen.)[102] Trotzdem ist kein Zweifel daran möglich, dass die genannten Brüderpaare Fischer waren, von Jesus berufen wurden und mit ihm durch Galiläa zogen.

[99] Vgl. Lk 5,10.

[100] Vgl. unten, S. 92–94.

[101] WELLHAUSEN, *Evangelienkommentare*, S. 328–329.

[102] Vgl. THEISSEN / MERZ, *Historischer Jesus*, S. 198, unter Hinweis auf Mt 8,19–22 / Lk 9, 59–62.

## 6. Gründung des Zwölferkreises

### ***Mk 3,14–19***: Die Berufung der Zwölf

14 *Und er bestimmte die Zwölf,* damit sie mit ihm seien und damit er sie sende,
zu verkündigen 15 und Vollmacht zu haben, die Dämonen auszutreiben.

*Und er bestimmte die Zwölf,*

16 und dem Simon verlieh er als Namen ›Petrus‹ (= Stein) –

17 und Jakobus, den (Sohn) des Zebedäus,

und Johannes, den Bruder des Jakobus,

und verlieh ihnen als Namen »Boanerges«,

was bedeutet: Söhne des Donners,

18a und Andreas

und Philippus

18b und Bartholomäus

und Matthäus

und Thomas

und Jakobus, den Sohn des Alphäus,

und Thaddäus

und Simon, den Kananäer,

19 und Judas Iskarioth, der ihn auch ausgeliefert hat.

Die Wiederholung des Ausdrucks, »er bestimmte die Zwölf«, zeigt an, dass Mk Traditionen verarbeitet. Die eine Tradition beschreibt die in V. 14–15 genannten Aufgaben der Zwölf, die andere ist ein Zwölferkatalog (V. 16–19).

#### TATSACHEN

Die Berufung der Jünger und der Mitglieder des Zwölferkreises[103] ist sicher, denn ohne eine solche Aktion hätte es keine Kirche gegeben. Außerdem ergibt sich die *Berufung* der Zwölf sowohl aus den Worten des historischen Jesus in Mt 19,28 und Lk 22,28–30 als auch aus dem Vorhandensein des Zwölferkreises in der Zeit *vor*

103 Die anderen bekannten Zwölferlisten des Neuen Testaments (Mt 10,2–4; Lk 6,14–16; Apg 1,13) enthalten untereinander und im Vergleich zur Liste Mk 3,16–19 keine großen Abweichungen.

der Bekehrung des Paulus zwei Jahre nach dem Tod Jesu (vgl. 1Kor 15,5: Christus erschien Kephas, dann den Zwölfen).

Nähmen wir an, der »Auferstandene« habe den Zwölferkreis ins Leben gerufen und nicht der historische Jesus, wäre nur schwer zu erklären, warum Paulus offenbar keinen persönlichen Umgang mit den Zwölfen hatte. Wahrscheinlicher ist daher, dass Jesus selbst den Zwölferkreis gründete, der dann in der ersten Zeit der Urgemeinde in Jerusalem Bestand hatte, schließlich aber von anderen Größen wie den drei »Säulen« (Jakobus, Petrus und Johannes), mit denen Paulus in Jerusalem verhandelte[104], verdrängt wurde. Ohnehin hätte nach Ostern niemand den »Verräter« Judas Iskarioth zum Mitglied des Zwölferkreises gemacht.

### *Mt 19,28*: Verheißung an die Zwölf, ganz Israel zu richten (1)

28 Jesus aber sagte ihnen: Amen, ich sage euch: Ihr, die ihr mir gefolgt seid, werdet bei der Wiedergeburt, wenn der Menschensohn auf dem Thron seiner Herrlichkeit sitzen wird, auch sitzen auf zwölf Thronen und *richten die zwölf Stämme Israels.*

### *Lk 22,28–30*: Verheißung an die Zwölf, ganz Israel zu richten (2)

28 Ihr aber seid die, die bei mir ausgeharrt haben in meinen Versuchungen.
29 Und ich vermache euch, wie es mir mein Vater vermacht hat, (das) Reich
Gottes, 30 dass ihr esst und trinkt an meinem Tisch in meinem Reich, und ihr
werdet auf Thronen sitzen und *richten die zwölf Stämme Israels.*

Die Sprüche – Einzelworte aus der mündlichen Überlieferung – verheißen den zwölf Jüngern, dass sie in naher Zukunft Gericht über das Haus Israel halten würden.[105]

[104] Gal 2,9.
[105] Vgl. 1Kor 6,3.

Die zitierten Worte sind eng verbunden mit der Idee des Zwölferkreises und geben in einzigartiger Weise Aufschluss darüber, welchen Sinn Jesus mit ihm verbunden hat, nämlich auf die zwölf Stämme Israels und ihre Wiederherstellung in der nahen Zukunft hinzudeuten. In diesem Glauben war sich Jesus mit zahlreichen jüdischen Zeitgenossen einig.[106]

Außerdem wird die Echtheit dieser beiden Sprüche bekräftigt durch das *DK*, denn sie lassen sich nicht aus dem frühen Christentum ableiten. Die Worte ordnen die Zwölf ausschließlich Israel zu und enthalten sich jeglichen Hinweises auf die Kirche.

Einige Zitate aus dem letzten Buch der Bibel, der »Offenbarung des Johannes«, beleuchten die Gedankenwelt, der ein solches Wort entstammt. Es geht in ihnen jeweils darum, dass die treuen Anhänger Jesu zu Mitherrschern ernannt werden. (Ähnlich hatte Jesus den Zwölf angekündigt, dass sie die zwölf Stämme Israel richten würden.) In den ersten beiden Sprüchen redet »Jesus«, im dritten Spruch der Visionär Johannes im Auftrag »Jesu«.

*Offb 2,26*

Wer überwindet und wer meine Werke bis ans Ende bewahrt, dem werde ich Macht geben über die Nationen.

*Offb 3,21*

Wer überwindet, dem werde ich geben zu sitzen mit mir auf meinem Thron, wie auch ich überwunden habe und mich gesetzt habe mit meinem Vater auf seinen Thron.

*Offb 20,6*

Selig und heilig, wer Anteil hat an der ersten Auferstehung. Über diese (Menschen) hat der zweite Tod keine Macht, sondern sie werden Priester Gottes und Christi sein und werden herrschen mit ihm die tausend Jahre.

[106] Vgl. Sirach 36,13; Psalmen Salomos 17,28–31; Kriegsrolle von Qumran 2,2; 5,1.

## 7. Feiern statt Fasten

### *Mk 2,18–22*

18a Und die Jünger des Johannes und die Pharisäer pflegten zu *fasten.*
18b Und sie kommen und sagen ihm: Weshalb *fasten* die Jünger des Johannes und die Jünger der Pharisäer, deine Jünger aber *fasten* nicht?
19a Und Jesus sagte ihnen: Können die Hochzeitsgäste, während der *Bräutigam* bei ihnen ist, etwa *fasten*?
19b Solange sie den *Bräutigam* bei sich haben, können sie nicht *fasten.*
20 Es werden aber Tage kommen, da der *Bräutigam* von ihnen weggenommen sein wird, und dann werden sie *fasten* an jenem Tag.

Mk schreibt in V. 18b–20, abgesehen vom Versteil »und die Jünger der Pharisäer«, eine Tradition wörtlich aus, in der die Ära Jesu (V. 18) und die Zeit nach seinem Tod (V. 20) unterschieden werden.

### TATSACHEN

Gemäß der ältesten Schicht (V. 18b–19b) haben Jesus und seine Jünger nicht gefastet. Das *DK* erweist dieses Urteil als historisch zutreffend, denn in der Gemeinde entwickelte sich V. 20 zufolge alsbald das Fasten als Praxis. Die vorliegende Überlieferung ist sicher authentisch und bezeichnet das damalige Zusammensein Jesu mit seinen Jüngern als Hochzeit, bei der Jesus das mit den Jüngern veranstaltete Festessen als Vorwegnahme des himmlischen Mahls feierte[107] (*KK*). Ähnlich verheißt die zweite Seligpreisung (Lk 6,21) den Hungernden, dass sie in Bälde bei diesem Festessen gesättigt würden (*KK*).

Nach Offb 21,2. 9 bildet die Hochzeit zwischen dem Lamm (Jesus) und dem himmlischen Jerusalem (als Braut) die messianische Heilszeit ab.

[107] Vgl. Martin Leiner, in: Lampe / Schwier (Hg.), *Neutestamentliche Grenzgänge*, S. 150.

## 8. Mahlzeiten mit suspekten Personen

***Mk 2,13–16***: Die Berufung des Levi und das Zöllnergastmahl

13 Und er ging wiederum am See entlang. Und die ganze Volksmenge kam zu ihm, und er lehrte sie.

14 Und im Vorübergehen sah er Levi, den (Sohn) des Alphäus, am Zoll sitzen und sagt ihm: *FOLGE MIR*!

Und er stand auf und *FOLGTE IHM.*

15 Und es geschieht, dass er in seinem Haus **zu Tisch** liegt, und viele *Zöllner und **SÜNDER*** lagen mit Jesus und seinen Jüngern **zu Tisch**. Denn es waren viele, und sie *FOLGTEN* ihm.

16 Und als die Schriftgelehrten der Pharisäer sahen, dass er mit den ***SÜNDERN und Zöllnern*** isst, sagten sie seinen Jüngern: Mit den ***Zöllnern und SÜNDERN*** isst er?

Der Abschnitt besteht aus zwei Überlieferungen:

a) V. 14: die Berufung des Zöllners Levi. Der Vers bezieht sich auf 1,16–18 zurück und entspricht der dortigen Passage teilweise wörtlich.

b) V. 15–16: eine Auseinandersetzung Jesu mit den Schriftgelehrten der Pharisäer darüber, dass er mit den Sündern und Zöllnern isst.

### TATSACHEN

V. 14: Die Jüngerschaft des Zöllners Levi – woraus der erste Evangelist absichtlich Matthäus macht (Mt 9,9) – ist historisch (*DK*, *AK*). Indes gelten zur Art und Weise der Berufung Levis die gleichen historischen Vorsichtsmaßregeln wie zu 1,16–20 (s. oben, S. 39).

V. 15–16: Gemeinsame Mahlzeiten Jesu mit Sündern und Zöllnern fanden statt. Jesus war dann zu Gast in Häusern, deren Besitzer kein rechtes Verhältnis zur Thora mehr hatten und deswegen nach »rechtgläubigem« Urteil als gottlos galten (*AK*).

## 9. Jesus und die Frauen

### ***Lk 7,36–50***: Jesus und die Sünderin

36 Es bat ihn aber einer der PHARISÄER, dass er bei ihm esse. Und er ging
in das Haus des PHARISÄERS hinein und legte sich zu Tisch.

37 Und siehe, (es gab da) eine Frau, die in der Stadt war, eine **Sünderin**;
und nachdem sie erfahren hatte, dass er im Haus des PHARISÄERS zu Tisch
lag, brachte sie ein Alabastergefäß mit Salböl 38 und stellte sich nach hinten
zu seinen Füßen, weinte und fing an, seine Füße mit den Tränen zu benetzen,
und wischte sie mit den Haaren ihres Kopfes ab und küsste seine Füße und
salbte sie mit dem Salböl.

39 Als aber der PHARISÄER es sah, der ihn eingeladen hatte, sagte er bei
sich selbst: Wenn dieser ein Prophet wäre, wüsste er, wer und was für eine
Frau es ist, die ihn berührt – dass sie eine **Sünderin** ist.

40 Und Jesus antwortete und sagte zu ihm: *SIMON*, ich habe dir etwas zu
sagen.

Der aber sagt: Lehrer, sprich!

41 Ein Gläubiger hatte zwei Schuldner. Der eine war fünfhundert Denare
schuldig, der andere aber fünfzig. 42 Da sie nicht zurückzahlen konnten,
schenkte er es beiden. Wer nun von ihnen wird ihn mehr lieben?

43 *SIMON* antwortete und sagte: Ich denke, der, dem er mehr geschenkt
hat.

Er aber sagte ihm: Du hast recht geurteilt.

44 Und er wandte sich um zu der Frau und sagte zu *SIMON*: Siehst du *diese*
Frau?

Ich bin in dein Haus gekommen:

Du hast mir kein Wasser für die Füße gegeben;

*diese aber* hat **meine Füße** mit den Tränen benetzt und sie mit ihren Haaren abgewischt.

45 Du hast mir keinen Kuss gegeben;

*diese aber* hat, seit ich hereingekommen bin, nicht davon abgelassen, **meine Füße** abzuküssen.

46 Du hast meinen Kopf nicht mit Öl gesalbt;

*diese aber* hat **meine Füße** mit Salböl gesalbt.

47 Deshalb sage ich dir: Ihre vielen **Sünden** sind vergeben, denn sie hat
viel geliebt. Wem aber wenig vergeben wird, liebt wenig.

48 Er sagte aber zu ihr: Deine **Sünden** sind vergeben.

[49] Und die, die mit zu Tisch lagen, fingen an, bei sich selbst zu sagen: Wer ist dieser, der sogar **SÜNDEN** VERGIBT?

[50] Er sagte aber der Frau: Dein Glaube hat dich gerettet; geh hin in Frieden.

Die Erzählung von Jesu Salbung durch die Sünderin kombiniert die Geschichte von Jesu Salbung in Bethanien[108] mit einer Überlieferung, die von Jesu Begegnung mit einer Hure handelte. Außerdem flossen die beiden Texte mit dem Gleichnis von den beiden Schuldnern (V. 41–43) zusammen.

Doch wurden die verschiedenen Aussagerichtungen der Stücke nicht völlig verschmolzen: Während in V. 41–43 der Schuldenerlass die Liebe des Schuldners zum Gläubiger bestimmt, scheint in der Haupterzählung (V. 36–50) die Liebe der Frau die Vergebung erst zu bewirken.[109] Die Überlieferung entwickelte sich so zu einer Geschichte von der Liebe zu Jesus: Wer Jesus so liebe, dem müssten die Sünden vergeben werden.[110]

## TATSACHEN

Da der Gesamttext quellenkritische Brüche und inhaltliche Spannungen aufweist, gibt er sicher keine Szene in Levis Haus wahrheitsgetreu wieder. Und doch passen die einzelnen Traditionen inhaltlich zusammen, so dass sie im weiteren Sinn als historische Aussagen gelten können.

Für die Geschichtlichkeit der Begegnung Jesu mit einer Prostituierten sprechen das *AK* und das *DK*. Im frühen Christentum hätte sich niemand eine solche Annäherung einer Prostituierten gefallen lassen. Bereits JULIUS WELLHAUSEN bemerkte: »(W)ir würden uns über das Eindringen einer Dirne in eine wenn auch nur aus Männern bestehende Gesellschaft noch ganz anders entsetzen als der Pharisäer.«[111]

[108] Mk 14,3–9.
[109] Vgl. ERICH KLOSTERMANN: *Das Lukasevangelium*, Tübingen 1975³, S. 92.
[110] Vgl. KLOSTERMANN, *Lk*, S. 94.
[111] WELLHAUSEN, *Evangelienkommentare*, S. 489.

Im Übrigen wandte Jesus sich »gezielt … an die ökonomisch ärmsten und sozial geächtetsten Frauen: an die Prostituierten … Jesus *heilte* zahlreiche *Frauen*. An ihnen erweist sich das Gottesreich als eine heilsame Macht.«[112]

## 10. Jesus im Tempel

***Mk 11,15–19***: Jesu Aktion gegen den Tempel

15 Und sie kommen nach Jerusalem. Und nachdem er in das Heiligtum hinein-
gegangen war, begann er die Verkäufer und die Käufer im Heiligtum hinaus-
zutreiben, und die Tische der Wechsler und die Stühle der Taubenverkäufer
stieß er um. 16 Und er ließ nicht zu, dass einer ein Gefäß durch das Heilig-
tum hindurchtrug.
17 Und er **LEHRTE** und sagte ihnen: Ist nicht geschrieben:
Mein Haus wird Haus des Gebetes genannt werden
für alle Völker?
[Jes 56,7]
Ihr aber habt es gemacht zu
einer Höhle von Räubern.
[Jer 7,11]
18 Und die Hohenpriester und die Schriftgelehrten hörten es und suchten,
wie sie ihn vernichten könnten. Denn sie fürchteten ihn; denn die ganze
Volksmenge geriet außer sich über seine **LEHRE**.
19 Und als es spät wurde, gingen sie aus der Stadt hinaus.

Die Traditionskern der vorliegenden Geschichte ist eine in V. 15–16 beschriebene Aktion Jesu. Unter Rückgriff auf zwei alttestamentliche Passagen in V. 17 deutet Jesus diese Tat polemisch und wirft seinen Gegnern Missbrauch des Heiligtums vor.[113]

112 Theissen / Merz, *Historischer Jesus*, S. 205. Vgl. Mk 5,25–34 und Lk 13,10–17.

113 Die Parallele Joh 2,14–16 scheint mir schon wegen ihrer Ausschmückungen sekundär zu sein.

Jesu Tempelkritik bewog die jüdische Behörde, ihn als Aufrührer den Römern zu übergeben.[114] Seine Aktion im Tempel war eine *symbolische* Handlung, die auf etwas anderes hindeutete.

Vgl. die Zeichenhandlungen der alttestamentlichen Propheten: So zerreißt der Prophet Ahia von Silo seinen neuen Mantel in zwölf Stücke (1Kön 11,29–39), der Prophet Jesaja soll auf Befehl Gottes eine mit dem Namen seines ungeborenen Sohnes, Raubebald-Eilebeute, beschriftete Tafel aufstellen (Jes 8,1–4), und der Prophet Hosea heiratet die Hure Gomer und zeugt Hurenkinder (Hos 1,2–9).

Jesus versuchte zeichenhaft, Platz für einen neuen, endzeitlichen Tempel zu schaffen. Für ihn symbolisierte die Vertreibung der Verkäufer und Käufer im Heiligtum sowie das Umstoßen der Tische der Wechsler und der Stühle der Taubenverkäufer die vollständige Zerstörung des Tempels.

Die Hoffnung auf einen neuen Tempel hat sich im Judentum in verschiedenen Texten niedergeschlagen. Einige Beispiele[115]:

*Jes 60,13*

Die Herrlichkeit des Libanon soll zu dir kommen, Zypressen, Buchsbaum und Kiefern miteinander zu schmücken den Ort meines Heiligtums, denn ich will die Stätte meiner Füße herrlich machen.

*Mich 4,1–2a*

1 In den letzten Tagen aber wird der Berg, darauf des Herrn Haus ist, fest stehen, höher als alle Berge und über die Hügel erhaben. Und die Völker werden herzulaufen, 2a und viele Nationen werden hingehen und sagen: Kommt, lasst uns hinauf zum Berge des Herrn gehen und zum Hause des Gottes Jakobs, dass er uns lehre seine Wege und wir in seinen Pfaden wandeln!

114 Zum Folgenden vgl. E. P. SANDERS: *Jesus and Judaism*, London 1985, S. 61–76; SANDERS, *The Historical Figure of Jesus*, S. 249–264.

115 Vgl. ferner Tobit 14,7; 1Henoch 90,28–29.

*Hag 2,9*

Es soll die Herrlichkeit dieses neuen Hauses größer werden, als die des ersten gewesen ist, spricht der Herr Zebaoth; und ich will Frieden geben an dieser Stätte, spricht der Herr Zebaoth.

## Exkurs II: Jesus, Sohn des Ananias, und sein Namensvetter Jesus von Nazareth – Tempelkritiker im ersten Jahrhundert[116]

Als Parallele zur Aktion Jesu im Tempel, seiner Kritik und der Reaktion der jüdischen und römischen Behörden verweise ich auf den Bericht über Jesus, den Sohn des Ananias.

Über diesen Jesus schrieb der jüdische Historiker Josephus Folgendes[117]:

Vier Jahre vor dem Krieg (nämlich 62 n.Chr.), als die Stadt noch im höchsten Maße Frieden und Wohlstand genoss, kam ... ein gewisser Jesus, Sohn des Ananias, ein ungebildeter Mann vom Lande zu dem Fest, bei dem es Sitte ist, dass alle Gott eine Hütte bauen, in das Heiligtum und begann unvermittelt zu rufen:

Eine Stimme vom Aufgang,
eine Stimme vom Niedergang,
eine Stimme von den vier Winden,

eine Stimme über Jerusalem und den Tempel,
eine Stimme über Bräutigam und Braut,
eine Stimme über das ganze Volk![118]

[116] Vgl. zu Jesus, Sohn des Ananias, die Ausführungen von Rebecca Gray: *Prophetic Figures in Late Second Temple Jewish Palestine. The Evidence from Josephus*, New York 1993, S. 158–163. Dieser Jesus hatte keine erkennbare Beziehung zur judenchristlichen Gemeinde in Jerusalem.

[117] Übersetzung nach Flavius Josephus: *De bello judaico. Der Jüdische Krieg*, VI 300–309. II,2, hrsg. von Otto Michel und Otto Bauernfeind, Darmstadt 1969, S. 53–55. Josephus hält sich selbst für den Jeremia seiner Zeit (vgl. *de bello judaico*, V 362–419). Vgl. Matthias Konradt: Die Deutung der Zerstörung Jerusalems und des Tempels im Matthäusevangelium, in: Christfried Böttrich und Jens Herzer (Hg.): *Josephus und das Neue Testament*, Tübingen 2007, S. 195–232, hier S. 228–229.

[118] Vgl. Jer 7,34; 16,9.

So ging er in allen Gassen umher und schrie Tag und Nacht. Einige angesehene Bürger, die sich über das Unglücksgeschrei ärgerten, nahmen ihn fest und misshandelten ihn mit vielen Schlägen. Er aber gab keinen Laut von sich, weder zu seiner Verteidigung noch eigens gegen die, die ihn schlugen, sondern stieß beharrlich weiter dieselben Rufe aus wie zuvor.

Da glaubten die Obersten, was ja auch zutraf, dass den Mann eine übermenschliche Macht treibe, und führten ihn zum Prokurator, den die Römer damals eingesetzt hatten. Dort wurde er bis auf die Knochen durch Peitschenhiebe zerfleischt, aber er flehte nicht und weinte auch nicht, sondern mit dem jammervollsten Ton, den er seiner Stimme geben konnte, antwortete er auf jeden Schlag: »*Wehe dir, Jerusalem*!«

Als aber Albinus – denn das war der Prokurator – fragte, wer er sei, woher er komme und weshalb er ein solches Geschrei vollführe, antwortete er darauf nicht das Geringste, sondern fuhr fort, über die Stadt zu klagen und ließ nicht ab, bis Albinus urteilte, dass er wahnsinnig sei, und ihn laufen ließ.

In der Zeit bis zum Kriege aber näherte er sich keinem der Bürger, noch sah man ihn mit jemandem sprechen, sondern Tag für Tag rief er, als ob er ein Gebet gelernt hätte, seine Klage: »*Wehe, wehe dir, Jerusalem*!«

Er aber fluchte keinem von denen, die ihn schlugen, obwohl es täglich vorkam, noch segnete er die, die ihm Nahrung gaben, – eine einzige Antwort nur hatte er für alle, jenes unselige Rufen. Am meisten aber schrie er an den Festtagen, und das tat er sieben Jahre und fünf Monate lang ohne Unterbrechung – seine Stimme stumpfte nicht ab, noch wurde er müde, bis er zur Zeit der Belagerung zur Ruhe kam, als er seinen Ruf zur Tat werden sah.

Denn als er auf seinem Rundgang von der Mauer herab gellend rief: »und noch einmal ›*wehe der Stadt und dem Volk und dem Tempel*!‹, da setzte er zum Schluss hinzu: ›und *wehe auch mir*!‹, denn ein Stein schnellte aus der Wurfmaschine und traf ihn, so dass er auf der Stelle tot war und, noch jene Weherufe auf den Lippen, seinen Geist aufgab.

Jesus von Nazareth kam vom Dorf und war ungebildet; ähnlich Jesus, Sohn Ananias, den Josephus im obigen Zitat zu Anfang einen ungebildeten Mann vom Lande nennt. Anders als dieser wurde der Nazarener jedoch hingerichtet. Offensichtlich hielt man ihn für gefährlicher als seinen Namensvetter, denn er hatte eine Anhängerschaft und vertrat offensiv das »Programm des Reiches Gottes«, während Jesus, Sohn des Ananias, auf sich allein gestellt war und als »Wahnsinniger« galt.[119]

Auf weitere Eigenschaften dieses Propheten macht BERNHARD LANG aufmerksam: »(K)einem, der ihn quält, flucht er; ihm zugefügte Schmerzen hält er aus, ohne um Milde zu bitten oder Tränen zu vergießen.«[120] Dies kommt dem Verhalten Jesu bei seinem letzten Aufenthalt in Jerusalem nahe.

LANG hält Jesus, den Sohn des Ananias, sogar für einen jüdischen Kyniker – eine unwahrscheinliche Vermutung. Jesus, der Sohn des Ananias, und Jesus von Nazareth waren vielmehr jüdische Propheten. Sie vertraten eine den Kynikern fremde Naherwartung des Endes der Welt.

[119] Vgl. SANDERS, *The Historical Figure of Jesus*, S. 267.
[120] LANG, *Jesus der Hund*, S. 134.

# ECHTE WORTE

## 1. Seligpreisungen

***Lk 6,20–21***: Die endzeitlichen Umwälzungen

20a Und er richtete seine Augen auf seine Jünger und sagte:
20b **Selig** (seid ihr,) die Armen,
denn euer ist das Reich Gottes.
21 **Selig** (seid ihr,) die jetzt Hungernden,
denn ihr werdet gesättigt werden.
**Selig** (seid ihr,) die jetzt Weinenden,
denn ihr werdet lachen.

[*Sekundär:* 22 Selig seid ihr, wenn euch die Menschen hassen und wenn sie euch ausgrenzen und beschimpfen und euren Namen als böse verwerfen wegen des Menschensohnes. 23 Freut euch an jenem Tag und tanzt, denn siehe, euer Lohn im Himmel ist groß, denn ebenso taten ihre Väter den Propheten.]

Der zitierte sekundäre Text Lk 6,22–23 setzt die Existenz frühchristlicher Gemeinden voraus und spiegelt feindliche Aktionen gegen sie wider. Ihre Mitglieder sahen eine Entsprechung zwischen ihrer eigenen misslichen Lage und den Verfolgungen, welche die Propheten erlitten hatten. Aus diesem Grund legten sie »Jesus« Voraussagen des himmlischen Lohns in den Mund (*DK*).

### TATSACHEN

Das Textstück 6,20b–21 steht zeitlich am Anfang der Seligpreisungen. Es enthält keinen Bezug auf Jesus. Deswegen müssen die in ihm enthaltenen Seligpreisungen auf Jesus selbst zurückgeführt werden (*DK*).

Die ältesten Makarismen V. 20b–21 werten Armut, Hunger und Leid per se *nicht* als wünschenswert. Daher kehrt Gott – so die feste Hoffnung Jesu – das Unglück der Armen, Hungernden und Weinenden bald zum Besseren, gemäß dem Ideal eines altorientalischen Königtums, wie Ps 72 es beschreibt:

4 [Der König] schaffe Recht den Elenden des Volks,
helfe den Armen,
und zermalme die Unterdrücker. …
12 Denn er rettet den Armen, der um Hilfe schreit,
den Elenden, dem keiner hilft,
13 Er erbarmt sich des Schwachen und Armen,
das Leben des Armen rettet er.

Die Urseligpreisungen haben einen endzeitlichen Bezug. Armut[121], Hunger und Weinen werden im Reich Gottes aufgehoben. Jesus verknüpft in der zweiten Seligpreisung das kommende Reich wie an anderen Stellen[122] mit der Erwartung eines Festessens (*KK*).

## 2. Gegenwart und Zukunft des Reiches Gottes in der Predigt Jesu

### ***Lk 17,20–21***: Unberechenbarkeit und plötzliches Kommen des Reiches Gottes

20a Als er aber von den Pharisäern gefragt wurde, wann das Reich Gottes komme, antwortete er ihnen und sagte:
20b Das Reich Gottes kommt nicht so, dass es sich beobachten ließe.
21 Auch werden sie nicht sagen: Siehe hier! oder: Dort!
Denn siehe, das Reich Gottes ist (plötzlich) unter euch.

Pharisäer fragen Jesus, wann das Reich Gottes komme, und meinen offenbar, sein Herannahen sei an Vorzeichen ablesbar. Anders

121 Die futurischen Aussagen in V. 21: »Ihr *werdet* gesättigt werden«, »Ihr *werdet* lachen« belegen, dass das Heil der Armen in der Zukunft liegt, obwohl ihnen das Reich Gottes in der Gegenwartsform (»Euer *ist* das Reich Gottes«) zugesagt wird.

122 Mk 14,25.

Jesus: Dies sei unmöglich, denn das Reich Gottes sei plötzlich in ihrer Mitte; man vermöge sein Kommen chronologisch nicht zu fixieren.

### TATSACHEN

Der Ausspruch V. 20b–21 ist echt. Jesus lehnte zeitliche Spekulationen über das Reich Gottes ab. Das Wort hat keinen Bezug auf Jesus (*DK*) und kann nur futurisch verstanden werden: das Reich Gottes ist ja noch nicht gekommen. Der Spruch enthält zudem eine futurische Bedeutung von »unter euch« (*KK*).[123] BULTMANN erachtet mit guten Gründen das vorliegende Logion als authentisch:

> Der Inhalt des Wortes erweckt den Eindruck primärer Überlieferung; nur darf man nicht modernisieren und das *entos hymôn* (unter euch) von einem geistigen Sein oder von der Gegebenheit in der Person Jesu und seiner Jünger verstehen. Negiert wird ja nicht das *erchesthai* [Kommen], sondern das *meta paratêrêseôs* [die Möglichkeit der Beobachtung]; also ist der Sinn: wenn das Reich kommt, wird man nicht mehr fragen und suchen, sondern mit einem Schlage ist es inmitten der Toren da, die noch sein Kommen berechnen wollten.[124]

### *Mt 6,10 / Lk 11,2*:
Das Kommen des Reiches Gottes im Vaterunser

Es komme Dein *Reich*!

Als Beispiel eines frommen Gebets schiebt Mt das Vaterunser[125] in eine Liste von Frömmigkeitsregeln ein.[126] Damit betont er: Das Vaterunser steht im Gegensatz zum »heuchlerischen« Beten der

[123] THEISSEN / MERZ, *Historischer Jesus,* S. 239, halten diese Deutung für »ganz unwahrscheinlich« und sehen das Wort als ein »Rätsel« an.

[124] BULTMANN, *Synoptische Tradition,* S. 128. Vgl. GERD THEISSEN / PHILLIP VIELHAUER: Ergänzungsheft zu *Die Geschichte der synoptischen Tradition,* Göttingen 1971[4], S. 47 (Forschungsüberblick).

[125] Mt 6,9–15 / Lk 11,2–4. Das Vaterunser stammt aus Q.

[126] Mt 6,1–18.

ungläubigen Juden (Mt 6,5) und zum »plappernden« Gebet der Heiden (Mt 6,7–8).

### TATSACHEN

Die zweite Bitte des Vaterunsers, die sich auf das demnächst kommende Gottesreich, und, darin eingeschlossen, auf das bald eintretende Ende der Welt bezieht, ist mit Sicherheit ein echtes Jesuswort (*KK*).

Die Rede vom Kommen des Reiches Gottes ist relativ neu (*SK*). Sie ersetzt die Vorstellung vom Kommen Gottes, wie sie im Alten Testament[127] und in jüdischen Gebeten[128] erscheint. Urchristliche Erwartung richtete sich dagegen auf das Kommen des österlichen Herrn Jesus.[129] Daher geht die zweite Vaterunser-Bitte um das Kommen des Reiches Gottes auf den historischen Jesus zurück und lässt sich nicht als Gemeindebildung verstehen (*DK*).

***Lk 10,18***: Der Blitz aus dem Himmel

Ich sah den Satan wie einen Blitz aus dem Himmel fallen.

Das Wort findet sich nur im dritten Evangelium und schildert die Reaktion Jesu auf die Rückkehr der 70 (72) Jünger. Lk hatte deren Aussendung durch Jesus in Kap. 10,1–12 beschrieben. Auf ihre Botschaft hin, dass ihnen in Jesu Namen selbst die Dämonen untertan sind, reagiert Jesus mit dem Hinweis: »Ich sah den Satan wie einen Blitz aus dem Himmel fallen.«

Der Spruch erweckt den Eindruck eines »Fragments«[130], denn Exorzismen der Jünger und Vision Jesu passen nicht zueinander,

[127] Vgl. z.B. Jes 35,4: Sagt den verzagten Herzen: Seid getrost, fürchtet euch nicht! Seht, da ist euer Gott! Er kommt zur Rache; Gott, der da vergilt, kommt und wird euch helfen.

[128] Vgl. die zweite Bitte des Qaddischgebets: »Er (Gott) lasse sein Reich herrschen.« Vgl. EDUARD LOHSE: *Das Vaterunser im Lichte seiner jüdischen Voraussetzungen*, Tübingen 2008, S. 29.

[129] Vgl. 1Kor 11,26; 16,22.

[130] BULTMANN, *Synoptische Tradition*, S. 174.

eher schon Vision Jesu und die aus ihr strömende Wunderkraft. Gleichzeitig ist das Logion darin einzigartig, dass nur in ihm Jesus als Visionär erscheint.

### TATSACHEN

Jesu Volksgenossen erwarteten die Überwindung Satans erst noch. Man vgl. folgende vorchristliche Texte[131]:

*Himmelfahrt des Mose* 10,1

Und dann wird Gottes Herrschaft über seine ganze Schöpfung erscheinen, und dann wird der Satan nicht mehr sein, und die Traurigkeit wird mit ihm hinweg genommen sein.

*Testament Dans* 10,10. 13

(Gott) wird selbst gegen Beliar (= Satan) Krieg führen und siegreiche Rache über seine Feinde geben ... denn der Herr wird in ihrer Mitte sein und der Heilige wird über ihnen König sein.

*Kriegsrolle von Qumran* 6,6

Und dem Gott Israels wird das Königreich gehören und durch die Heiligen seines Volkes wird er Kraft erweisen.

Demgegenüber meint Jesus mit dem Spruch Lk 10,18: Was viele Juden für die Erde erst noch erhofften, sei im Himmel bereits geschehen. Gott habe den Satan von dort verjagt. Das Wort Lk 10,18 lässt sich nicht aus der nachösterlichen Kirche ableiten (*DK*); denn dort hielt man Jesus, nicht Gott, für den Sieger über den Satan.[132]

[131] Vgl. THEISSEN / MERZ, *Historischer Jesus*, S. 229.

[132] Vgl. Joh 12,31; Offb 12,7–9. Vgl. THEISSEN / MERZ, *Historischer Jesus*, S. 196–197.

### *Lk 11,20 / Mt 12,28*: Dämonenaustreibungen und das Kommen des Reiches Gottes

Wenn ich aber durch den Finger (Mt: »durch den Geist«) Gottes die Dämonen austreibe, dann ist das Reich Gottes zu euch gekommen.

Das Wort stammt aus Q, wobei »Finger Gottes« – statt »Geist Gottes« – sicher die ursprüngliche (Q-)Lesart wiedergibt. Die Fassung des Mt fügt sich dem Kontext ein, wo ebenfalls »Geist Gottes« vorkommt.[133]

»Finger Gottes« spielt auf die Wunder des Mose vor dem Auszug aus Ägypten an. Die ägyptischen Zauberer beugen sich hier der Überlegenheit des Mose mit den Worten: »Das ist der Finger eines Gottes.«[134]

#### TATSACHEN

Die für das Logion Lk 10,18 zutreffenden Kriterien der Echtheit (*DK, KK, SK*) gelten auch für den vorliegenden Spruch.

Jesus setzt den von Gott bewirkten Fall des Teufels voraus; denn sonst könnte Jesus keine Exorzismen vollziehen. Die Flucht der Dämonen zeigt an, dass die Gewalt der bösen Mächte gebrochen ist, auch wenn deren endgültige Zerstörung im unmittelbar bevorstehenden Endgericht noch aussteht. Gleichzeitig gilt: Das Reich Gottes ist schon »da«, denn die Exorzismen geschehen bereits in der Gegenwart stetig, da sich das Gottesreich, für alle augenfällig, durchsetzt.[135]

## 3. Gleichnisse

Gleichnisse bilden die Mitte der Verkündigung Jesu. Die moderne Gleichnisforschung beginnt mit Adolf Jülicher (1857–1938). Er

[133] Vgl. Mt 12,18 (Jes 42,1); Mt 12,32.
[134] Ex 8,15.
[135] Vgl. Theissen / Merz, *Historischer Jesus*, S. 236.

hatte den radikalen Unterschied zwischen Allegorie und Gleichnis herausgearbeitet. Allegorien seien Deutungen der verschiedensten Einzelpunkte eines Gleichnisses, das man nicht mehr verstand, da die Situation, in der es gesprochen wurde, unbekannt war. Eine Allegorie liegt dort vor, wo ein Redeganzes erst durch Übertragung aller seiner Hauptbegriffe auf ein anderes Gebiet zum wahren Verständnis gelangt.

JÜLICHER sieht die allegorischen Deutungen, die Jesus in den Mund gelegt wurden, als spätere Zutaten an. Die Gleichnisse Jesu seien demgegenüber ein Stück wirklichen Lebens und richteten sich an *einer* Pointe aus. »(Z)wischen der Bildhälfte der Gleichnisse Jesu und ihrer Sachhälfte, d. h. der intendierten Sachaussage, um derentwillen das Bild ersonnen wurde, gibt es nur *eine* Berührungsstelle, *einen* Vergleichspunkt, *ein* tertium comparationis.«[136]

»Vom Gleichnis unterscheidet JÜLICHER die Parabel, die nicht zwei Sachverhalte nebeneinander stellt, sondern den als Gleichnis dienenden Sachverhalt in Erzählung umsetzt.«[137] Die Übergänge zwischen Gleichnis und Parabel verschwimmen aber oft, so dass ein Forscher wie JOACHIM JEREMIAS (1900–1979) auf eine Differenzierung verzichtet.[138] Außerdem macht hebr. *maschal* / aram. *mathla* keinen Unterschied zwischen Vergleich, Sprichwort, Parabel, Gleichnis.[139]

Von JEREMIAS stammt auch die Kritik an JÜLICHER, dieser habe versäumt, den historischen Ort der einzelnen Gleichnisse im Leben Jesu zu behandeln. Da JÜLICHER ferner – so JEREMIAS – den endzeitlichen Kontext des Reiches Gottes für die Gleichnisauslegung nicht hinreichend berücksichtigte, habe er darum »nur die halbe Arbeit getan«[140]. JEREMIAS bilanziert: »(D)ie Hauptarbeit bleibt: es muß versucht werden, den ursprünglichen Sinn der Gleichnisse wieder-

136 SCHRAMM / LÖWENSTEIN, *Unmoralische Helden*, S. 21.

137 BULTMANN, *Synoptische Tradition*, S. 188.

138 JEREMIAS, *Gleichnisse*, S. 16.

139 Vgl. WELLHAUSEN, *Evangelienharmonien*, S. 349.

140 JEREMIAS, *Gleichnisse*, S. 15.

zugewinnen.«[141] Dem Votum schließe ich mich an, betone aber zugleich, dass diese Forderung nicht immer in die Tat umgesetzt werden kann.

### *Mk 4,26–29*: Die von selbst wachsende Saat

26 Und er sagte: So ist das Reich Gottes wie (wenn) ein Mensch den Samen
auf die Erde warf 27 und schläft und steht auf Nacht und Tag, und der Same
sprießt und geht in die Höhe, er selbst weiß nicht, wie.
28 Von selbst trägt die Erde *Frucht*,
zuerst Halm,
dann Ähre,
dann vollen Weizen in der Ähre.
29 Wenn aber die *Frucht* es gestattet, sendet er sogleich die Sichel, denn
die Ernte ist gekommen.

Die vorliegende Parabel vergleicht das Kommen des Reiches Gottes mit der Ernte[142] und betont den Kontrast zwischen Anfang und Ende. Der Vergleichspunkt findet sich in V. 28: Der von einem Menschen gesäte Same gelangt wie das Reich Gottes unter allen Umständen ganz wie von selbst zur Reife, bis die Ernte eingefahren werden kann.

### TATSACHEN

Die gleichnishafte Rede vom Reich Gottes ist typisch für die Verkündigung Jesu (*KK*). Jesus selbst ist nicht Gegenstand der Parabel (*DK*).

Im Gleichnis zeigt sich Jesu felsenfestes Vertrauen darauf, dass sich Gottes Reich durchsetzen wird, und zwar bald, wie das Bild von der Ernte am Schluss anzeigt[143] (*KK*).

[141] Jeremias, *Gleichnisse*, S. 16.
[142] Vgl. Jeremias, *Gleichnisse*, S. 151.
[143] Vgl. Jo 4,13a: »Greift zur Sichel, denn die Ernte ist reif!«

## *Mk 4,30–32*: Das Senfkorn (1)

30 Und er sagte: Wie sollen wir das Reich Gottes vergleichen oder in welchem
Gleichnis sollen wir es darstellen? 31 Wie mit einem Senfkorn, das, wenn es
auf die Erde gesät wird, am kleinsten ist unter allen Samen auf der Erde,
32 und wenn es gesät ist, wächst es empor und wird größer als alle Kräuter
und treibt große Zweige, so dass unter seinem Schatten

die Vögel des Himmels nisten
[Ps 103,12 LXX]

können.

Die Parabel vom Senfkorn (V. 30–32), die den Kontrast zwischen Ende und Anfang betont, hat Mk an das Gleichnis von der von selbst wachsenden Saat angefügt.

### TATSACHEN

Die gleichnishafte Rede vom Reich Gottes ist typisch für die Verkündigung Jesu (*KK*). Jesus selbst ist nicht Gegenstand der Parabel (*DK*).

Die Parabel vom Senfkorn spricht davon, dass die Ankunft des Reiches Gottes gewiss und seine Macht schon vorab wahrnehmbar sei. V. 32 spiegelt nicht die Entwicklung der Kirche auf Erden wider, sondern lässt an das messianische Reich denken. Die Vollendung ist die himmlische Herrschaft Gottes und der Tempel als Ziel der Völkerwallfahrt.[144] Das Bild von der Senfstaude in V. 32 bezeichnet »ein mächtiges Reich, das seinen Untertanen Schutz gewährt«.[145]

Die Parabel, die parallel in Q[146] und Th 20 überliefert wird, enthält die gleiche Botschaft wie die Parabel von der von selbst wachsenden Saat (Mk 4,26–29) und ist echt (*DK* und *KK*).

144 Vgl. Mt 8,11 / Lk 13,29 und Ez 17,23; 31,6; Dan 4,9. 18.

145 Jeremias, *Gleichnisse*, S. 146.

146 Mt 13,31–32 / Lk 13,18–19.

***Lk 13,18–21***: Das Senfkorn (2) und der Sauerteig

[18] Er sagte nun: Wem ist die Reich GOTTES gleich, und womit soll ich es ver-
gleichen? [19] Es ist gleich einem Senfkorn, das ein Mensch nahm und in sei-
nen Garten warf, und es wuchs und wurde zu einem Baum, und
die Vögel des Himmels nisteten in seinen Zweigen.
[Ps 103,12 LXX]

[20] Und wieder sagte er: Womit soll ich das Reich GOTTES vergleichen? [21] Es
ist gleich einem Sauerteig, den eine Frau nahm und unter drei Sat Weizen-
mehl verbarg, bis es ganz durchsäuert war.

Lk fügt zwei Parabeln an, die bereits in Q verbunden waren (vgl. Mt 13,31–33).

Das *Senfkorngleichnis* in der Q-Fassung ist, anders als die am Kontrast orientierte Mk-Fassung (Mk 4,30–32), ein Wachstumsgleichnis. Beide zitieren dieselbe Stelle aus Ps 103,12 in der griechischen Fassung. Dies dürfte jeweils ein Zusatz aus griechischsprachigen Gemeinden sein.

Das *Sauerteigsgleichnis* wendet das Bild von der durchsäuernden Kraft des Sauerteigs auf die Wirkung des Reiches Gottes an.

Der Bezug des Sauerteigs auf das Reich Gottes überrascht, denn Gesäuertes hatte im Judentum oft eine negative Bedeutung.[147]

**TATSACHEN**

Die gleichnishafte Rede vom Reich Gottes ist typisch für die Verkündigung Jesu (*KK*). Jesus selbst ist nicht Gegenstand der Parabel (*DK*).

Zur Historizität des Senfkorngleichnisses vgl. den Kommentar zu Mk 4,30–32.

Die anstößige Verwendung des Sauerteigs spricht für die Echtheit der Parabel vom Sauerteig (*AK*).

[147] Vgl. Ex 12,15–20; 1Kor 5,6–8; Gal 5,9.

*Mt 11,12*: Stürmerspruch

12 Doch seit den Tagen Johannes des Täufers bis jetzt leidet das Reich der Himmel Gewalt, und Gewalttätige reißen es an sich.

V. 12 ist als »Stürmerspruch« in die Forschung eingegangen.[148] Er stammt aus Q (vgl. Lk 16,16) und lautet in seiner ursprünglichen Fassung etwa:

Das Gesetz und die Propheten (sind) bis Johannes. Von da ab leidet das Reich Gottes Gewalt und Gewalttäter reißen es an sich.

Der Spruch setzt das Reich Gottes als gegenwärtige Größe voraus. Die »Gewalttäter« beziehen sich wohl auf Jesus und seine Jünger, denn so wird die zeitliche Ansetzung »seit den Tagen Johannes des Täufers« plausibel.

### TATSACHEN

Angesichts des anstößigen Inhalts dürfte der Stürmerspruch echt sein; seine »Gewalttätigkeit« in der Bildhälfte erinnert an Th 98,1–3[149]. Das bedeutet für die Sachhälfte: Jesus und seine Jünger setzen alle Kraft und Entschlossenheit ein, dem Reich Gottes zu dienen und es bis an die Grenzen der Gewalt zu ihrer eigenen Sache werden zu lassen (*AK*).

*Mt 21,28–32*: Die ungleichen Söhne

28 Was aber meint ihr?
Ein Mensch hatte zwei Kinder (nämlich Söhne).
Und er ging zu dem ersten und sagte: Kind, geh heute hin und arbeite im *Weinberg*.
29 Der aber antwortete und sagte: Ich will nicht.
Später ***tat es ihm leid***, *und er ging hin*.
30 Und (der Vater) ging zum anderen und sprach ebenso.
Der aber antwortete und sagte: Ich (will), Herr!
*Und er ging* nicht *hin*.

148 Vgl. THEISSEN / MERZ, *Historischer Jesus*, S. 123.
149 S. unten, S. 71–73.

31a Wer von den beiden hat den Willen des Vaters getan?
Sie sagen: Der erste.
31b Jesus sagt ihnen: Amen, ich sage euch:
31c Die Zöllner und die Huren gehen vor euch in das Reich Gottes.
32 Denn Johannes kam zu euch auf dem Weg der Gerechtigkeit, und ihr **glaubtet** ihm nicht; die Zöllner und Huren **glaubten** ihm. Ihr aber habt es gesehen, und es hat euch später nicht ***leid getan***, so dass ihr ihm **geglaubt** hättet.

Die Parabel von den ungleichen Söhnen und dem ihnen gegebenen Auftrag schärft ein, das Tun des Willens Gottes sei das Wichtigste und bloßes Reden reiche nicht aus.

V. 31c enthält eine Anwendung: Die Zöllner und Huren kommen vor den Frommen in das Reich Gottes, denn sie verhalten sich wie der erste Sohn.

In V. 32 zieht Mt die Schlussfolgerung aus V. 28–31. Er verweist auf die fehlende Bereitschaft der Gegner Jesu, Johannes wenigstens im Rückblick zu glauben, zumal der erste Sohn auch erst nachträglich den Willen Gottes getan habe.

### TATSACHEN

V. 28–31b: Die Parabel geht auf Jesus zurück, der nicht Teil von ihr ist.

V. 31c: Das Wort von der Aufnahme von Zöllnern und Huren in das Reich Gottes dürfte echt sein, denn es ist anstößig (*AK*), in der jüdischen Umwelt Jesu rar (*SK*) und lässt sich nicht aus der Gemeinde ableiten (*DK*). Das Wort passt zum Grundstock der Verkündigung Jesu, die den Verachteten den Weg ins Reich Gottes ebnet[150] (*KK*).

### *Lk 11,24–26*: Von der Rückkehr des unreinen Geistes

24 Wenn der unreine Geist von dem *Menschen* ausfährt, durchstreift er wasserlose Stätten und sucht Ruhe. Und da er keine findet, sagt er: Ich werde in

[150] Mt 11,18–19a; Lk 7,36–50.

mein Haus zurückkehren, von wo ich **ausgefahren** bin. 25 Und wenn er kommt, findet er es geputzt und geschmückt.

26 Dann geht er und nimmt sieben andere Geister mit, böser als er selbst, und sie **fahren hinein** und wohnen dort.

Und es wird am Ende mit jenem *Menschen* schlimmer als am Anfang.

Das vorliegende Stück stimmt fast wörtlich mit Mt 12,43–45 überein und geht auf Q zurück.

V. 24–26 sind entweder ein Stück Volksweisheit, das allgemein vor Rückfällen bei Exorzismen warnt, oder ein Gleichnis. Im letzten Fall würde sein Sprecher einschärfen: »Das Haus darf nicht leer stehen, wenn der gottwidrige Geist vertrieben ist.«[151]

### TATSACHEN

Das Gleichnis ist ein Beispiel für die Radikalität der Predigt Jesu (*KK*); Exorzismen gingen mit ihr immer einher, denn die Welt – so Jesus – steht unter der Macht böser Geister. Mit unreinen Dämonen lebte Jesus immer auf Kriegsfuß (*KK*).

Auf diesem Hintergrund warnt Jesus eindringlich davor, das von Dämonen befreite Haus (ein Bild für Menschen) unbewohnt sein zu lassen.

## 4. Der barmherzige Gott in der Verkündigung Jesu

***Lk 15,4–9***: Das verlorene Schaf und die verlorene Drachme

3 Er sagte aber dieses Gleichnis zu ihnen:

4 WELCHER MENSCH von euch, der hundert Schafe hat und eines von ihnen *VERLIERT*, lässt nicht die NEUNUNDNEUNZIG in der Wüste und geht dem *VERLORENEN* nach, bis er es findet? 5 Und wenn er es gefunden hat, nimmt er es auf seine Schulter und **Freut** sich; 6 und wenn er nach Hause kommt, ruft er die Freunde und die Nachbarn herbei und sagt ihnen:

151 JEREMIAS, *Gleichnisse*, S. 197.

**Freut** euch mit mir,
denn ich habe mein Schaf gefunden, das verloren gegangen war.

7 Ich sage euch: So wird mehr **Freude** im Himmel sein ***ÜBER EINEN EINZIGEN*** **SÜNDER**, ***DER UMKEHRT***, als über NEUNUNDNEUNZIG Gerechte, die keiner ***UMKEHR*** bedürfen.

8 Oder WELCHE FRAU, die zehn Drachmen hat, zündet nicht, wenn sie
eine einzige Drachme *VERLIERT*, eine Lampe an und kehrt das Haus und sucht
sorgfältig, bis sie sie *findet*?
9 Und wenn sie sie *gefunden* hat, ruft sie die
Freundinnen und Nachbarinnen herbei und sagt:

**Freut** euch mit mir,
denn ich habe die Drachme gefunden, die ich verloren hatte.

10 So, sage ich euch, herrscht bei den Engeln GOTTES **Freude** ***ÜBER EINEN EINZIGEN*** **SÜNDER**, ***DER UMKEHRT***.

Die Doppelgleichnisse vom verlorenen Schaf und von der verlorenen Drachme betonen: Gott freut sich über jede einzelne Person, die sich von ihm finden lässt. Denn er liebt in seinem Reich das Verlorene.[152]

## TATSACHEN

*V. 4–6. 8–9:* Sowohl die Parabel vom verlorenen Schaf als auch die von der verlorenen Drachme gehen auf Jesus zurück. Der Hirte, der 99 Schafe zurücklässt, um das eine zu suchen, gefährdet faktisch die Existenz der 99, die einem Raubtier zum Opfer fallen könnten. Diese Art von Übertreibung kommt oft in Jesu Sprüchen und Gleichnissen vor; sie ist deswegen ein Zeichen für die Echtheit des Gleichnisses (*AK*).

Ähnliches gilt für die Parabel von der Frau, die trotz des Besitzes von neun Drachmen alles in Bewegung setzt, um mit viel Risiko nur eine einzige verloren gegangene Drachme wieder zu finden.

Aus den Bildhälften der beiden Parabeln lässt sich zur Sachhälfte entnehmen: Gott sucht Jesus zufolge die Verlorenen, auch wenn sie sich nicht zur Umkehr entschlossen haben, und freut sich übers Wiederfinden.

152 Vgl. JÜLICHER, *Gleichnisse II*, S. 332.

## *Lk 15,11–32*: Das Erbarmen des Vaters

11 Er sagte aber:
Ein Mensch hatte zwei Söhne.
12 Und der jüngere von ihnen sagte dem VATER: VATER, gib mir den Teil
des Vermögens, der mir zusteht!
Er aber teilte die Habe unter ihnen auf.
13 Und nach nicht vielen Tagen packte der jüngere Sohn alles zusammen
und zog davon in ein fernes Land. Und dort verschwendete er sein Vermö-
gen durch ein liederliches Leben.
14 Als er aber alles verbraucht hatte, kam eine arge Hungersnot über jenes
Land, und er begann Mangel zu leiden. 15 Und er ging hin und schloss sich
einem der Bürger jenes Landes an. Und der schickte ihn auf seine Felder, um
Schweine zu hüten. 16 Und er hätte sich gern an den Schoten gesättigt, die
die Schweine fraßen, doch niemand gab sie ihm.
17 Als er aber zu sich kam, sagte er: Wie viele Tagelöhner meines
VATERS haben Brote im Übermaß, ich aber gehe hier vor Hunger
zugrunde. 18 Ich werde mich aufmachen, zu meinem VATER gehen und
ihm sagen: VATER, *ich habe gegen den Himmel und vor dir gesündigt,*
19 *ich bin es nicht mehr wert, dein Sohn genannt zu werden*; mach mich zu
einem deiner Tagelöhner.
20 Und er machte sich auf und kam zu seinem VATER.
Als er aber noch weit entfernt war, sah ihn sein VATER und hatte Mitleid
und lief hin, fiel ihm um den Hals und küsste ihn.
21 Der Sohn aber sagte ihm: VATER, *ich habe gegen den Himmel und vor
dir gesündigt, ich bin es nicht mehr wert, dein Sohn genannt zu werden.*
22 Der VATER aber sagte zu seinen Sklaven: Holt schnell das beste
Gewand hervor und zieht ihn an und gebt ihm einen Ring an seine Hand und
Sandalen an die Füße. 23 Und bringt DAS GEMÄSTETE KALB, SCHLACHTET es,
und wir wollen essen und *FEIERN.*
24 **Denn dieser** mein Sohn **war tot und ist** wieder **zum Leben gekommen,
er war verloren und ist gefunden worden.**
Und sie begannen zu *FEIERN.*

25 Sein älterer Sohn aber war auf dem Feld, und als er kam und sich dem
Haus näherte, hörte er Musik und Tanz, 26 und er rief einen der Knechte her-
bei und erkundigte sich, was das sei.
27 Der aber sagte ihm: Dein Bruder ist gekommen, und dein VATER hat
DAS GEMÄSTETE KALB GESCHLACHTET, weil er ihn unversehrt wiedererhalten
hat.

28 Er aber wurde wütend und wollte nicht hineingehen.
Sein VATER aber ging hinaus und redete ihm gut zu.
29 Der aber antwortete und sagte seinem VATER: Siehe, so viele Jahre leiste ich dir Sklavendienste und habe dein Gebot nie übertreten, und mir hast du niemals einen Ziegenbock gegeben, damit ich mit meinen Freunden *FEIERE*.
30 Nachdem aber dieser dein Sohn, der deinen Besitz mit Huren verprasste, gekommen ist, hast du für ihn DAS GEMÄSTETE KALB GESCHLACHTET.
31 Er aber sagte ihm: Kind, du bist immer bei mir, und alles, was mein ist, ist dein.
32 Wir mussten aber *FEIERN* und uns freuen.
**Denn dieser** dein Bruder **war tot und ist zum Leben gekommen, und er war verloren und ist gefunden worden.**

Die vorliegende Parabel, die unter dem Namen »Der Verlorene Sohn« besser bekannt ist und zum Sondergut des Lk gehört, findet sich im Kontext der Reden Jesu über das Verlorene (Lk 15,1–7. 8–10).

Zugrunde liegt eine zweigipflige Parabel (V. 11–24 und V. 25–32). Sie ist die längste unter allen Parabeln bzw. Gleichnissen im Neuen Testament. Die Zweiteilung zeigt sich auch daran, dass der erste und der zweite Teil durch einen nahezu gleich lautenden Satz abgeschlossen wird. (V. 24b ist Überleitung.)

Den ersten Teil prägt die Gewissheit, dass ein umkehrender Mensch auf Wiederannahme rechnen kann, der zweite Teil betont Gottes Freude über das Finden des Verlorenen.

## TATSACHEN

Die Parabel geht auf Jesus zurück:

*Erstens* ist in ihr keinerlei Einfluss späterer Gemeindetheologie zu entdecken (*DK*).

*Zweitens* enthält die Parabel Züge von Jesu Gottesbild, dem zufolge Gott ohne jegliche Vorbedingungen die Verlorenen aufsucht. Diese Zuwendung ergeht in der Predigt vom herannahenden Reich Gottes. Insofern ist der Sprecher der Parabel, Jesus, indirekt Bestandteil der Parabel. In meinem Reden und Tun – so Jesus –

aktualisiert sich die Liebe und Treue Gottes, und dafür gibt die Parabel eine Illustration (*KK*).

*Drittens* legen die menschlichen Züge der Parabel jesuanischen Ursprung nahe. »Stark anthropomorph wird auch bei Gott die Seligkeit des Wiederfindens mit dem Glück des ungestört Besitzens verglichen; eben dieser anthropomorphe Einschlag gehört zu den untrüglichen Zeichen der Echtheit unsrer Parabel.«[153] (*AK*).

### ***Mt 20,1–16***: Die Arbeiter im Weinberg

1 Denn das Reich der Himmel ist einem Hausherrn gleich, der früh am Mor-
gen ausging, um Arbeiter für seinen WEINBERG einzustellen.
2 Als er aber mit den Arbeitern ***EINIG WURDE ÜBER EINEN DENAR*** als Tages-
lohn sandte er sie in seinen WEINBERG.
3 Und als er ausging um die dritte Stunde, sah er andere müßig auf dem
Markt stehen 4 und sagte jenen: Geht auch ihr hin in den WEINBERG; und
ich werde euch geben, was gerecht ist.
5 Sie aber gingen hin.
Wiederum aber ging er aus um die sechste und neunte Stunde und machte
(es) ebenso.
6 Um die elfte Stunde aber ging er aus und fand andere dastehen und sagt
ihnen: Was steht ihr hier den ganzen Tag müßig herum?
7 Sie sagen ihm: Es hat uns niemand angestellt.
Er sagt ihnen: Geht auch ihr hin in den WEINBERG!
8 Nachdem es aber Abend geworden ist, sagt der Herr des Weinbergs sei-
nem Verwalter: Ruf die Arbeiter und gib ihnen den Lohn, angefangen von
den ***Letzten*** bis zu den **Ersten**!

9 Und als die von der elften Stunde kamen, empfingen sie je einen Denar.
10 Und als die **Ersten** kamen, meinten sie, dass sie mehr empfangen wür-
den, und auch sie empfingen je einen Denar. 11 Als sie (den) aber empfingen,
murrten sie gegen den Hausherrn 12 und sagten: Diese ***Letzten*** haben nur eine
einzige Stunde gearbeitet, doch du hast sie uns gleichgestellt, die wir die Last
des Tages und die Hitze ertragen haben.
13 Er aber antwortete und sagte einem von ihnen: Freund, ich tue dir nicht
Unrecht. Bist du nicht mit ***MIR EINIG GEWORDEN ÜBER EINEN DENAR***? 14 Nimm,

[153] Jülicher, *Gleichnisse II*, S. 362.

was dein ist, und geh fort! Ich will aber diesem ***Letzten*** (dasselbe) geben wie auch dir.

15 Oder ist es mir nicht erlaubt, mit dem, was mir gehört, zu tun, was ich will?

Oder ist dein Auge böse, weil ich gut bin?

[*Sekundär*: 16 So werden die Letzten Erste sein und die Ersten Letzte.]

Diese Parabel findet sich innerhalb des Neuen Testaments nur im EvMt. Seine Botschaft lautet: »(W)ie der Hausvater der Parabel läßt Gott den gleichen Lohn des Reiches allen zuteil werden, einerlei ob sie ihn nach ihrer Leistung beanspruchen können, oder nur durch seine Gnade erhalten.«[154] Man mag dies »Gnadenlohn« nennen.[155] Der offene Schluss der Parabel (ohne V. 16) entspricht in etwa dem in der Parabel vom Erbarmen des Vaters. Ebenso wie jenes Gleichnis ist die Parabel von den Arbeitern im Weinberg zweigipflig: V. 1–8 (Anstellung der Arbeiter), V. 9–15 (Protest der Arbeiter).

## TATSACHEN

Die gleichnishafte Rede vom Reich Gottes (hier: der Himmel) ist typisch für die Verkündigung Jesu (*KK*). Jesus ist nicht Gegenstand der Parabel. Sie schärft in der Sachhälfte *einen* Gedanken ein. Gott ist gleich gütig gegen alle, die in seinem Weinberg, in Israel, tätig sind.[156] »Er gibt auch den Sündern und Zöllnern Anteil an seinem Heil, ganz unverdient.«[157] Dies entspricht der Botschaft Jesu, dass Gott das Verlorene sucht und sich seiner erbarmt (*KK*).[158] Man wird annehmen, dass Jesus den zweiten Teil der Parabel mit Blick auf Kritiker seiner Botschaft erzählt hat.

154 Erich KLOSTERMANN: *Das Matthäusevangelium*, Tübingen 1971$^4$, S. 159.

155 JOACHIM GNILKA: *Das Matthäusevangelium*. II. Teil, Freiburg 1988, S. 181.

156 Vgl. BULTMANN, *Synoptische Tradition*, S. 216.

157 JEREMIAS, *Gleichnisse*, S. 138.

158 Vgl. Lk 15,11–32; 18,9–14.

# 5. Unmoralische Helden in den Erzählungen Jesu

### *Lk 16,1–8a*: Der ungerechte Verwalter

1b Es war ein reicher Mensch; der hatte einen Verwalter. Und dieser wurde
bei ihm beschuldigt, sein Vermögen zu verschwenden.
2 Und er rief ihn und sagte ihm: Was höre ich dies über dich? Leg Rechen-
schaft über deine Verwaltung ab, denn du kannst die Verwaltung nicht mehr
ausüben.
3 Der Verwalter aber sagte bei sich selbst: Was soll ich tun? Denn mein
*HERR* nimmt mir die Verwaltung weg. Graben kann ich nicht; zu betteln
schäme ich mich. 4 Ich weiß, was ich tun werde, damit, wenn ich aus der Ver-
waltung entlassen werde, sie mich in ihre Häuser aufnehmen.
5 Und er rief jeden einzelnen der Schuldner seines *HERRN* herbei und
sagte dem ersten: Wie viel schuldest du meinem *HERRN*?
6 Der aber sagte: Hundert Bat Öl.
Er aber sagte ihm: Nimm deine Schuldscheine und setz dich hin und
schreib schnell: fünfzig!
7 Danach sagte er einem anderen: Du aber, wie viel schuldest du?
Der aber sagte: Hundert Kor Weizen.
Er sagt ihm: Nimm deine Schuldscheine und schreib: achtzig!
8a Und der *HERR* lobte den Verwalter der Ungerechtigkeit, weil er klug
gehandelt hatte.
[*Sekundär:* 8b Denn die Söhne dieser Welt sind ihresgleichen gegenüber klü-
ger als die Söhne des Lichts. … …]

V. 8a gehört zur ältesten, vorösterlichen Gestalt der Parabel, denn das dort dem Verwalter vom »Herrn« gespendete Lob ist anstößig (*AK*).

Die Parabel handelt in der Bildhälfte von der List eines Verwalters. Sie will lt. Bultmann sagen, »daß man selbst von der Schlauheit eines Betrügers lernen kann«[159] – doch bleiben der historische Kontext und die Sachhälfte ungeklärt. Wellhausen zufolge lautet die Devise der Parabel, die Gegenwart als Entscheidungszeit im Blick auf eine kommende Katastrophe zu erkennen. Er formuliert: »Die entschlossene Ausnutzung der Gegenwart als Vorbedingung

[159] Bultmann, *Synoptische Tradition*, S. 216.

für eine erfreuliche Zukunft ... und die vollkommen illusionslose Beurteilung der Umstände ... solle(n) an der Geschichte des Haushalters eingeprägt werden.«[160] Doch erhebt sich gegen WELLHAUSEN ein ähnlicher Einwand wie gegen BULTMANN.

Vier Traditionsringe haben sich um die Parabel V. 1–8a gelegt (V. 8b, V. 9, V. 10–12, V. 13) – kein Wunder, denn Jesus stellt in der Parabel eine unmoralische Person in den Mittelpunkt. Das bedurfte auch in den Augen früher Christen der Interpretation.

Mit V. 8b setzt die Auslegung der Parabel nach »Ostern« ein – ein Wirrwarr ohnegleichen. V. 8b verbiegt die in V. 8a gegebene vorösterliche Deutung. Denn plötzlich soll sich die vom »Herrn« hervorgehobene Klugheit nur auf das Verhalten der »Söhne dieser Welt« untereinander beziehen. V. 9 versteht V. 8 als Jesuswort und liefert eine zusätzliche Deutung, indem er Jesus den Rat erteilen lässt, unrechtmäßig erworbenes Geld dazu zu benutzen, anderen zu helfen.

V. 10–13 enthalten eine Sammlung verschiedener Worte, die im Kontext der Parabel vom ungerechten Verwalter zeigen sollen, dass die Treue eines Verwalters unverzichtbar ist.

### TATSACHEN

Indes ist die Frage nach der Sachhälfte noch offen. Um Anstiftung zur Täuschung im täglichen Leben kann es ja nicht gehen.

Worin liegt die Pointe? JOACHIM JEREMIAS versteht die Parabel mit Blick auf das nahe Ende, das Johannes der Täufer und Jesus angekündigt haben. »(D)ie Krisis steht vor der Tür! Jetzt gilt es mutig, klug, entschlossen zu handeln, alles für das Kommende zu wagen!«[161] Das hat der ungerechte Verwalter demonstriert.

***Th 98,1–3***: Der Attentäter

1 Jesus sagte: Das Reich des Vaters gleicht einem Menschen, der einen mächtigen Menschen töten wollte. 2 Er zog das Schwert in seinem Haus. Er stieß

[160] WELLHAUSEN, *Evangelienkommentare,* S. 545.
[161] JEREMIAS, *Gleichnisse,* S. 44.

es in die Wand, um zu erkennen, ob seine Hand stark (genug) sei. [3] Dann tötete er den Mächtigen.

Das vorliegende Gleichnis ist nur im EvTh erhalten.

**TATSACHEN**

Die gleichnishafte Rede vom Reich Gottes (hier: des Vaters) ist typisch für die Verkündigung Jesu (*KK*). Das Urteil, dass das Gleichnis vom Attentäter auf Jesus zurückgeht, gründet in der Anstößigkeit des Textes: Jesus lässt in der Bildhälfte die Hauptperson zum Mörder werden (*AK*). Dieser unmoralische Zug war wahrscheinlich der Grund dafür, dass die Parabel nicht ins Neue Testament aufgenommen wurde und einer Zensur zum Opfer fiel.

Sicherlich ruft der vorliegende Text aus dem EvTh nicht zu offener Gewalt oder zum Mord auf. Vielmehr ermahnt Jesus seine Hörer, bei einer schweren Entscheidung vorab die Kosten zu überschlagen. In hochwichtigen Dingen des eigenen Lebens wie dem Erwerb des Reiches Gottes gelte es, so zielsicher zu handeln wie der »skrupellose Attentäter«.

***Lk 14,28–32***: Vom Turmbau und vom Kriegführen

[28] Denn wer von euch, der einen Turm bauen will, *setzt sich nicht zuerst hin* und berechnet die Kosten, ob er (genug) zur Fertigstellung hat? [29] Damit nicht etwa, wenn er ein Fundament gelegt hat und es nicht vollenden kann, alle, die es sehen, anfangen, über ihn zu spotten [30] und sagen: Dieser Mensch fing an zu bauen und konnte es nicht vollenden.

[31] Oder welcher König, der auszieht, um mit einem anderen König Krieg zu führen, *setzt sich nicht zuerst hin* und berät sich, ob er in der Lage ist, mit Zehntausend dem entgegenzutreten, der mit Zwanzigtausend gegen ihn heranrückt? [32] Wenn aber nicht, schickt er, solange der noch fern ist, eine Gesandtschaft und bittet um die Friedensbedingungen.

Die Einsichten des vorliegenden Doppelgleichnisses finden sich im Buch der Sprüche: »Durch Weisheit wird ein Haus gebaut und durch Verstand erhalten (Spr 24,3). Vgl. ferner: »Mit Überlegung soll man Krieg führen« (Spr 24,6a). Die Zuhörer werden aufgefordert, vor einer schwerwiegenden Entscheidung die Kosten zu überschlagen und den von ihnen eingeschlagenen Weg notfalls zu revidieren.

### TATSACHEN

Die soeben beschriebenen Gedanken, die in der Weisheitsliteratur verbreitet sind, benutzt der Dichter des vorliegenden Doppelgleichnisses und fordert zur Selbstprüfung auf. Er hat wie der Sprecher von Th 98,1–3, Jesus, die ihn umgebende harte Wirklichkeit beobachtet und schärft ein, hinter der nach reiflicher Überlegung einmal getroffenen Entscheidung für das Reich Gottes bis zum Ende zu stehen (*KK*). Ein Rückfall »wäre ... nichts Zwangsläufiges, sondern Schuld«.[162]

***Mt 13,44–46***: Vom Schatz im Acker
und von der kostbaren Perle

44 *DAS REICH DER HIMMEL IST GLEICH* einem im Acker verborgenen Schatz, den ein Mensch **fand** und verbarg; und in seiner Freude geht er fort und verkauft *alles, was er hat,* und ***kauft*** jenen Acker.

45 Wiederum *IST DAS REICH DER HIMMEL GLEICH* einem Kaufmann, der schöne Perlen sucht; 46 nachdem er aber eine einzige kostbare Perle **gefunden** hatte, ging er weg und veräußerte *alles, was er hatte,* und ***kaufte*** sie.

Dieses Gleichnispaar, das sich im Neuen Testament nur bei Mt findet[163], schildert den nach seinem Sprecher alles in den Schatten stellenden Wert des Reiches Gottes (Mt: »der Himmel«). Dafür lohne es sich, auf alles andere zu verzichten.

### TATSACHEN

Die gleichnishafte Rede vom Reich Gottes (hier: der Himmel) ist typisch für die Verkündigung Jesu. Die beiden Gleichnisse enthalten dieselbe Devise: »Der Einzelne kann und soll das Reich Gottes

162 JEREMIAS, *Gleichnisse,* S. 197.

163 Die beiden Fassungen im EvTh (Logien 76 und 109) sind deutlich sekundär. Vgl. *Jesus 2000*³, S. 555–556. 570.

kaufen.«[164] Der Mensch bzw. der Kaufmann sind Beispiele für all jene Menschen, die – wie Jesus selbst – angesichts der Entdeckung des Reiches Gottes alles hinter sich lassen, um der Sache des Gottesreichs zu dienen.[165] Die Gleichnisse sind echt (*AK*).

»(G)rade in dieser Kühnheit, in jener Skrupellosigkeit tritt der Gedanke überwältigend hervor: das Himmelreich ist etwas so über alles Wertvolles, ›das höchste Gut‹, daß es die größten Opfer, die rückhaltlose Hingabe des ganzen Lebens verlangt.«[166]

## 6. Bitten, Beten und Glauben

### *Lk 18,2–8*: Der gottlose Richter

Ein Richter war in einer Stadt, der **Gott nicht fürchtete und sich vor keinem Menschen scheute.**

3 Eine Witwe aber war in jener Stadt, und sie kam (immerfort) zu ihm und sagte: *Verschaffe mir Recht* gegenüber meinem Gegner!

4 Und er wollte eine Zeitlang nicht. Danach aber sagte er bei sich selbst: Wenn ich auch **Gott nicht fürchte und mich vor keinem Menschen scheue**,
5 werde ich, weil diese Witwe mir Mühe macht, ihr *Recht verschaffen*, damit sie nicht am Ende kommt und mir ins Gesicht schlägt.
[*Sekundär:* 6 Der Herr sagte aber: Hört, was der ungerechte Richter sagt!
7 Gott aber, sollte er seinen Auserwählten (dann) etwa kein Recht verschaffen, die Tag und Nacht zu ihm schreien, und wird er bei ihnen auf sich warten lassen? 8a Ich sage euch, er wird ihnen rasch Recht verschaffen.

8b Doch wird der Menschensohn, wenn er kommt, wohl den Glauben finden auf der Erde?]

V. 2–5 enthalten eine anschauliche Erzählung vom gottlosen Richter und einer rechtlosen Witwe, die Lk hier unversehrt eingesetzt hat.

V. 6–8a sind eine Deutung von V. 2–5: »Jesus« versichert, dass

164 Wellhausen, *Evangelienkommentare*, S. 246.
165 Vgl. Lk 9,57–62.
166 Weiss, *Lk*, S. 336.

Gott den Christen in allernächster Zukunft im Endgericht Recht schaffen wird.

V. 8b stammt vom zweiten Evangelisten, der gemäß der neuen nachösterlichen Situation den Menschensohn als Richter einsetzt.

### TATSACHEN

Die ursprüngliche Schicht der Parabel (V. 2–5) geht sicher auf Jesus zurück. Dafür sprechen das *WK* – wir befinden uns mit V. 2–5, rückwärts gerechnet, auf der dritten Stufe – und der *anstößige* Charakter des Erzählten (*AK*). Denn normalerweise sollte ein Richter von sich aus auf die Durchsetzung des Rechts bedacht sein. Hier aber ist er gottlos und spricht nur deswegen Recht, weil er dazu genötigt wird.

Die Parabel vom gottlosen Richter bringt die Zuversicht zum Ausdruck, Gott »hört die, die in Not sind. Er hilft ihnen, er tut mehr, als sie erbitten.«[167]

### ***Lk 11,5–8***: Vom bittenden Freund

5 Und er sagte zu ihnen: Wer unter euch wird einen **Freund** haben und zu ihm
gehen um Mitternacht und ihm sagen: **Freund**, ich brauche drei Brote, 6 weil
mein **Freund** von unterwegs zu mir gekommen ist und ich ihm nichts anzu-
bieten habe, 7 und der drinnen würde antworten und sagen: Mach mir keine
Mühe; die Tür ist schon verschlossen, und meine Kinder sind mit mir im Bett,
ICH KANN NICHT AUFSTEHEN, es dir zu *geben*?

8 Ich sage euch: Und wenn ER NICHT AUFSTEHEN WIRD, es ihm zu *geben*, weil
er sein **Freund** ist, wird er sich doch wegen seiner Zudringlichkeit erheben,
ihm zu *geben*, was er nötig hat.

Das vorliegende Gleichnis betont die Notwendigkeit, ausdauernd zu bitten. Es betont zugleich die Erwartung des Ansuchenden, dass seine Bitte erfüllt werde.[168]

167 JEREMIAS, *Gleichnisse*, S. 159.

168 Vgl. JEREMIAS, *Gleichnisse*, S. 158.

Man beachte, dass der Freund sich nicht aus edlen Motiven zur Hilfe breitschlagen lässt, sondern nur, um den lästigen »Freund« loszuwerden.

### TATSACHEN

Die Parabel vom nachts um Hilfe gebetenen Freund ist der vom gottlosen Richter ähnlich und bringt die Zuversicht zum Ausdruck, dass »Gott das Rufen der Seinen erhört, wenn sie aus ihrer Not zu ihm schreien«.[169] Beide Parabeln »veranschaulichen in derb populärer Weise, dass anhaltendes Bitten hilft. … Das ist absichtlich so stark ausgeführt«.[170]

***Mt 7,7–10***: Gebetserhörung

7 BITTET, und euch wird gegeben werden (a);
sucht, und ihr werdet finden (b);
klopft an, und euch wird aufgetan werden (c).
8 Denn jeder BITTENDE empfängt (a);
und der Suchende findet (b);
und dem Anklopfenden wird aufgetan werden (c).
9 Oder wer von euch ist ein Mensch, den sein Sohn um Brot BITTEN wird –
*wird er ihm etwa einen Stein geben*?
10 Oder (den) er auch um einen Fisch BITTEN wird –
*wird er ihm etwa eine Schlange geben*?

Mt formuliert in engem Anschluss an Q[171] und versteht den Abschnitt als Lehrstück über die Gebetserhörung, die sich darauf berufen kann, dass der erhöhte Herr Jesus bis an das Ende der Welt bei seiner Gemeinde ist.[172]

Der Abschnitt V. 7–8, zu dem neben Q noch Th 92,1 und 94 zu vergleichen sind, ist kunstvoll aufgebaut (einmal 3 Zeilen mit Aufforderung und Begründung in V. 7 und einmal 3 Zeilen mit Begrün-

169 JEREMIAS, *Gleichnisse*, S. 159.
170 WEISS, *Lk*, S. 465–466.
171 Vgl. Lk 11,9–13.
172 Vgl. Mt 28,20.

dung in V. 8). Das Doppelgleichnis V. 9–10 schärft den aus V. 7–8 vorgegebenen Gedanken der unbedingten Gebetserhörung ein.

### TATSACHEN

Der Textabschnitt geht auf echte Jesusworte zurück. Sie entsprechen Jesu bedingungslosem Vertrauen zu seinen himmlischen Vater (*KK*) und haben eine große Nähe zu Jesu Sprüchen vom Berge versetzenden Glauben.[173]

***Mk 11,23–24***: Der Berge versetzende Glaube

23 Amen, ich sage euch: Wer auch immer diesem Berg sagt: Erhebe dich,
stürze dich ins Meer!, und nicht zweifelt in seinem Herzen, sondern **glaubt,**
**dass**, was er redet, geschieht, dem wird es *zuteil werden*.
24 Deshalb sage ich euch, Alles, um was ihr betet und bittet, **glaubt, dass**
ihr es empfangen habt, und es wird euch *zuteil werden*.

Im Kontext von Mk 11,22b–24 behandelt Mk das Verhältnis von Gebet und Glaube. V. 22b (»Habt Glauben an Gott!«) ist die Überschrift über den nächsten V. 23–24 umfassenden Abschnitt und führt zwei ursprünglich einzeln überlieferte Worte Jesu ein. Sie haben in ihrer zweiten Hälfte eine gleiche Form (vgl. die Markierungen im Text). V. 24 dürfte auf der Basis von V. 23 formuliert worden sein.

### TATSACHEN

Das Wort V. 23 enthält ein übertreibendes Bild[174], wie Jesus es oft gebraucht (*KK*).[175] Es betont die Macht, die ein Gott bedingungslos vertrauender Glaube besitzt, und ist von der Wucht des Umkehrrufs geprägt.[176] Glaube ist nach »Ostern« Glaube an Christus, hier handelt es sich aber um »Glauben an Gott«. Er ist vorösterlichen Ursprungs und geht auf Jesus zurück.

[173] Mt 17,20 / Lk 17,6.
[174] Vgl. die vorige Anmerkung.
[175] Vgl. Mk 10,25.
[176] Vgl. Lk 10,23–24.

## 7. Gesetzesverschärfung und Gesetzeskritik

### *a) Gesetzesverschärfung*

***Mt 5,22***: Zorn als Schuld vor Gericht

Jeder, der seinem Bruder zürnt,
wird dem Gericht verfallen sein.

Das Wort verschärft das fünfte Gebot (Ex 20,13: Du sollst nicht töten!). »Nicht erst der Mord, sondern schon der Zorn läßt den Menschen dem Gericht verfallen.«[177]

**TATSACHEN**

Der Spruch ist echt, denn er reflektiert die Tendenz der Gesetzesverschärfung in der Ethik Jesu und kommt im Judentum selten vor (*KK, SK*).

***Mt 5,28***: Begierlicher Blick als Ehebruch

Jeder, der eine Frau mit begierlicher Absicht ansieht,
hat schon mit ihr die Ehe gebrochen in seinem Herzen.

Das Wort, das ähnlich wie das vorhergehende Wort formuliert ist, verschärft das sechste Gebot (Ex 20,14: »Du sollst nicht ehebrechen!«). »›Mit den Augen huren‹[178] scheint eine stehende Redewendung gewesen zu sein.«[179]

**TATSACHEN**

Das Logion ist echt und spiegelt die Tendenz der Gesetzesverschärfung in der Ethik Jesu wider.

177 Strecker, *Bergpredigt*, S. 68. Vgl. Sirach 22,24 (zum Zusammenhang von Zorn und Blutvergießen).

178 Vgl. Dtn 5,18. 21.

179 Joachim Gnilka: *Das Matthäusevangelium*. I. Teil, Freiburg 1986, S. 162. Gnilka nennt folgende vorchristliche Stellen: Testament Issachar 7,2; Jubiläenbuch 20,4; Psalmen Salomos 4,5; 1 QS 1,6.

## ***Mk 10,2–12***: Wider die Ehescheidung

Und wieder kommen ***VOLKSMENGEN*** bei ihm zusammen, und wie gewöhnlich
lehrte er sie wieder.
2 Und Pharisäer kamen herzu und fragten ihn, ob es einem Mann erlaubt
sei, (seine) Frau zu **entlassen** – womit sie ihn versuchten.
3 Er aber antwortete und sagte ihnen: Was hat euch Mose befohlen?
4 Sie aber sagten: Mose erlaubte, eine Scheidungsurkunde zu schreiben
und zu **entlassen** [Dtn 24,1–3].
5 Jesus aber sagte ihnen: Auf eure Hartherzigkeit hin schrieb euch Mose
dieses Gebot. 6 Doch von Anfang der Schöpfung her
erschuf er sie als männlich und weiblich.
[Gen 1,27; 5,2]
7 Deshalb wird ein Mensch seinen Vater und die Mutter verlassen.
8 Und die zwei werden zu ***einem einzigen Fleisch*** werden.
[Gen 2,24 LXX]
Daher sind sie nicht mehr zwei, sondern ***ein einziges Fleisch***.
9 Was nun Gott zusammengefügt hat, soll ein Mensch nicht trennen.
10 Und im Haus fragten ihn die Jünger wieder darüber.
11 Und er sagt ihnen: Wer seine Frau **entlässt** und *eine andere heiratet,
begeht an ihr Ehebruch*.
12 Und wenn sie, nachdem sie ihren Mann **entlassen** hat, *einen anderen
heiratet, begeht sie Ehebruch*.

V. 2–9 sind ein Streitgespräch, in dem Jesus auf die Frage der Gegner zunächst eine Gegenfrage stellt und erst später antwortet, und zwar in V. 9. Die Reaktion der Gegner darauf wird nicht mehr erzählt. Traditionskern des Streitgesprächs ist V. 9. Nur hier begegnen die zentralen Verben »zusammenfügen« und »trennen«, während in V. 2–8 für den Scheidungsakt nie »trennen«, wohl aber »entlassen« gebraucht wird.

In dem ursprünglich isolierten Stück V. 11–12 wird das abschließende Votum Jesu aus V. 9 inhaltlich dahin präzisiert, dass auch den Frauen die Scheidung verboten wird. Die darin vorausgesetzte Möglichkeit einer Scheidung von Seiten der Frau ist im judenchristlichen Bereich auszuschließen; sie dürfte am ehesten innerhalb der Gemeinde des Mk gegeben sein und entspricht der römischen und griechischen Gesetzgebung, die auch der Frau die Scheidung von ihrem Mann gestattet.

### TATSACHEN

Das Logion in V. 9 ist echt und ebenso das in V. 11, denn die radikale Ablehnung der Ehescheidung durch Jesus ist sowohl in der Q-Tradition (Mt 5,32 / Lk 16,18) als auch bei Paulus in 1Kor 7,10–11 belegt. Nach den ältesten Texten zur Sache unterstreicht Jesus jeweils die Unauflöslichkeit der Ehe und verschärft damit die Thora (*KK*).

### *Mt 5,34a*: Das Schwurverbot

Ihr sollt überhaupt nicht schwören!

Das Logion verschärft die Thora, die den Meineid untersagte[180] und die Erfüllung der Gelübde forderte.[181]

### TATSACHEN

Das Wort vom absoluten Schwurverbot ist echt. Auf es treffen verschiedene Kriterien zu:

a) das *WK*, denn das absolute Schwurverbot lässt sich als Ausgangspunkt einer Entwicklung verstehen, in der es einem Wachstumsprozess unterworfen (Mt 5,34–36) und zum Gebot des Schwurersatzes wurde (Mt 5,37). Man vgl. folgende Beispiele[182]:

> V. 34–35: Ihr sollt überhaupt nicht schwören; weder beim Himmel, denn er ist Gottes Thron; noch bei der Erde, denn sie ist der Schemel seiner Füße; noch bei Jerusalem, denn sie ist die Stadt des großen Königs.
> V. 36: Auch sollst du nicht bei Deinem Kopf schwören, denn du vermagst nicht ein einziges Haar weiß zu machen oder schwarz.
> V. 37 Eure Rede aber sei: Ja, ja; nein, nein. Was aber über dies hinausgeht, ist vom Bösen.[183]

[180] Lev 19,12; Num 30,3.
[181] Vgl. Num 30,3; Ps 50,14.
[182] Vgl. STRECKER, *Bergpredigt*, S. 11. 83–84.
[183] Vgl. Jak 5,12.

b) Das *DK* spricht für die Echtheit des absoluten Schwurverbots, denn im Urchristentum wurde es gar nicht festgehalten. Bereits Paulus schwört mehrfach. Vgl. Röm 9,1: »Die Wahrheit sage ich in Christus, ich lüge nicht!«; Gal 1,20: »Was ich schreibe – siehe, vor Gott: ich lüge nicht!«

c) Das *absolute* Schwurverbot kam in der jüdischen Tradition fast nie vor.[184] Insofern trifft das *SK* zu.

***Mt 5,44a / Lk 6,27***: Das Gebot der Feindesliebe

Liebt eure Feinde!

Das Wort verschärft das Gebot der Nächstenliebe (Lev 19,18) und spitzt es auf den Extremfall zu, dass der Feind der Nächste ist.

### TATSACHEN

Das Gebot der Feindesliebe ist sicher echt (*DK*). Die älteste Kirche milderte es ab. Der Apostel Paulus hasste seine Feinde[185], ebenso der Verfasser des 2Petr.[186] Der erste Evangelist gibt in Mt 23,13–36 die hasserfüllten Tiraden »Jesu« gegen Schriftgelehrte und Pharisäer nicht nur wieder, sondern verschärft sie sogar noch.

Das Gebot der Feindesliebe entspricht der radikalen Ethik Jesu (*KK*). Es kommt aber nicht nur innerhalb des Judentums vor[187], sondern findet sich auch im Kynismus.[188]

[184] Ausnahme sind die Essener in der Darstellung von JOSEPHUS, *de bello judaico,* II 135.

[185] 2Kor 11,13–15.

[186] 2Petr 2,12–22.

[187] Vgl. Spr 25,21: Wenn deinen Feind hungert, gib ihm zu essen, und wenn er durstig ist, gib ihm zu trinken.

[188] Vgl. Epiktet, *Über den Kyniker* III, 22, 54: »Er muß sich treten lassen wie ein Hund und unter den Tritten eben die, welche ihn treten, noch lieb haben, wie ein Vater von allen, wie ein Bruder« (Übersetzung nach THEISSEN / MERZ, *Historischer Jesus*, S. 348). Vgl. LANG, *Jesus der Hund,* S. 132–134: »Feindesliebe – das Ethos der Kyniker«. »Von Feindesliebe handeln Musonius Rufus, Seneca, Epiktet und Mark Aurel« (LANG, *Jesus der Hund,* S. 133).

***Lk 10,30–35***: Der barmherzige Samariter

30 Ein Mensch ging von Jerusalem nach Jericho hinab und fiel unter Räu-
ber. Die zogen ihn aus und versetzten ihm Schläge, gingen weg und ließen
ihn halbtot zurück.
31 Zufällig aber ging ein Priester auf jenem Weg hinab, *und als er ihn sah,*
***ging er vorbei***.
32 Gleichermaßen aber kam auch ein Levit an den Ort, *und als er* (ihn)
*sah,* ***ging er vorbei***.
33 Ein Samariter aber, der unterwegs war, kam in seine Nähe, *und als er*
(ihn) *sah,* ***hatte er Mitleid***.
34 Und er trat herzu,
verband seine Wunden,
goss Öl und Wein darauf und
setzte ihn auf sein eigenes Reittier
und führte ihn in eine Herberge
und **sorgte** für ihn.
35 Und am nächsten Tag holte er zwei Denare heraus, gab sie dem Her-
bergswirt und sagte: **Sorge** für ihn, und was du zusätzlich aufwendest, werde
ich dir, wenn ich wiederkomme, bezahlen.

Die in V. 30–35 von Jesus erzählte Geschichte hat ihre »Pointe in dem Gegensatz der lieblosen Juden und des liebevollen Samariters«.[189] Sie geht vom Überfallenen aus (V. 30), und schildert, was ihm widerfährt: Zwei der vorbeikommenden Reisenden »sahen« den Überfallenen und »gingen« an ihm »vorbei«; der dritte »sah« ihn, trat herzu und leistete umfassend Hilfe (V. 34–35). Zweifellos ist V. 33 Höhepunkt der Erzählung. Mitleid hat der Volksfeind, *von dem* die Hörer es nicht erwartet hätte. Der Samariter demonstriert, was Feindesliebe ist.

### TATSACHEN

Die Erzählung geht sicher auf Jesus zurück. An einem den Juden verhassten *Samariter veranschaulicht Jesus, wie sich das Gebot der Feindesliebe verwirklichen lässt.* Die Geschichte ist deswegen so einprägsam, weil sie nicht einen Juden als Vorbild hinstellt, sondern

[189] BULTMANN, *Synoptische Tradition*, S. 192.

ausgerechnet einen Angehörigen des von den Juden verachteten Volks der Samariter.

### *b) Gesetzeskritik*

***Lk 14,26***: Hass gegen die eigene Familie

Wenn jemand zu mir kommt und hasst nicht

(I) seinen Vater,
(II) Mutter,
(III) *Frau,*
(IV) Kinder,
(V) Brüder,
(VI) Schwestern und dazu
(VII) *sich selbst,*

der kann nicht mein Jünger sein.

Der Inhalt der Liste, die zu Q (vgl. Mt 10,37–38) gehört, kommt mit dem Gesetz in Konflikt. Denn der Hass gegen die eigene Familie steht in striktem Gegensatz zum vierten Gebot (Ex 20,12: »Du sollst deinen Vater und deine Mutter ehren ... !«). In der obigen Tabelle stammen »Frau« und »sich selbst« aus der Feder des dritten Evangelisten.[190]

#### TATSACHEN

V. 26 (ohne die genannten Ergänzungen) ist ein echter Jesusspruch, die Aufforderung zum Hassen der Familie ein bewusst gebrauchtes Reizwort. Es steht nicht nur im Gegensatz zum Gebot der Feindesliebe, sondern auch zu dem der Nächstenliebe, das Jesus durch den Appell der Feindesliebe verschärft hatte (s. oben, S. 81).

Die obigen Sprüche sind durch das zerstörte Verhältnis Jesu zu seiner eigenen leiblichen Familie mitzuerklären. Die hielt ihn nach Mk 3,21 nämlich für verrückt und wollte ihn ergreifen. (Lk und Mt

[190] Lk fügt auch in Lk 18,29 »Frau« hinzu.

lassen diesen anstößigen Satz bezeichnenderweise aus.)[191] Gleichzeitig trifft das *DK* zu, denn aus den urchristlichen Gemeinden lassen sich die oben zitierten radikalen Sprüche nicht ableiten. Ihr Inhalt erledigte sich von selbst, sobald es christliche Familien gab.

***Mt 8,22b / Lk 9,60a***: Nachfolge geht vor Bestattung

Lass die Toten ihre Toten begraben!

Die Texte stammen aus Q und richten sich an einen potentiellen Nachfolger, der vor dem Anschluss an Jesus noch seinen Vater begraben will (Mt 8,22a / Lk 9,59b). Dies weist Jesus schroff ab. Der vorliegende Text ist extrem gesetzeskritisch, denn die Beerdigung von Verwandten war im Judentum Pflicht.[192]

### TATSACHEN

Jesus spricht von seinen Zeitgenossen als »Toten« (*AK*). Zu ihnen rechnet er nicht nur alle physisch Toten wie den Vater der beiden potentiellen Nachfolger, sondern auch die im übertragenen Sinn Toten, die seine Gottesreichspredigt ablehnten. Jesu Wort ist von der Energie des Nachfolgerufs geprägt und auch daher echt.

***Mk 2,27***: Der Mensch ist wichtiger als der Sabbat

Der Sabbat ist um des Menschen willen geschaffen
und nicht der Mensch um des Sabbats willen.

Mk fügt das obige Wort zum Sinn des Sabbats an ein Streitgespräch zwischen Jesus und den Pharisäern (Mk 2,23–26) an. Das Wort begründet das thorawidrige Ährenraufen der Jünger am Sabbat mit einem alttestamentlichen Beispiel: Auch David und seine Begleiter hätten, als sie hungrig wurden, wider das Gesetz (heilige) Brote

[191] S. oben, S. 23.
[192] Vgl. Tobit 1,17–18; 2,7.

aus dem Tempel verzehrt.[193] Es geht in dem alttestamentlichen Beispiel aber nicht um das Brechen des Sabbatgebotes.

### TATSACHEN

V. 27 sichert als Leitsatz das thorawidrige Tun der Jünger ab und verbindet es mit dem Sabbatgebot. Der Vers ist ein Spitzensatz Jesu. Dahinter könnte die Vorstellung stehen, dass der Sabbat göttliche Schöpfungsordnung ist, aber gerade deswegen in Extremsituationen dem Menschen als Ebenbild Gottes unterzuordnen sei.[194] Jedenfalls gilt: »Die Sabbatbeobachtung ... wird (nur) richtig ausgelegt, wenn man sie als dem Menschen dienend versteht«.[195] Dies hat Jesus auf die Kampfesformel von 2,27 gebracht. Es ist kein Wunder, dass sowohl Mt als auch Lk diesen anstößigen Satz auslassen (*AK*) [196].

In den folgenden drei Sabbatgeschichten habe ich die Kampfesformeln, die zum historischen Urgestein dieser Erzählungen gehören, jeweils unterstrichen.

### *Mk 3,1–6*: Die Heilung einer abgestorbenen Hand am Sabbat

1 Und er ging wiederum in die Synagoge hinein. Und dort war ein Mensch,
dem die *Hand abgestorben* war.
2 Und sie belauerten ihn, ob er ihn am **Sabbat** heilen werde, damit sie ihn
anklagen könnten.
3 Und er sagt dem Menschen, der die *abgestorbene Hand* hatte: Steh auf,
in die Mitte!
4 Und er sagt ihnen: Ist es erlaubt, am **Sabbat** Gutes zu tun oder (ist es
erlaubt, am Sabbat) Böses zu tun, ein Leben zu retten oder zu töten?

193 Vgl. 1Sam 21,2–7.

194 Vgl. zum jüdischen Denkhorizont von V. 27 auch 2Makk 5,19: »Der Herr (= Gott) hat nicht wegen des Ortes (= des Tempels) das Volk auserwählt, sondern wegen des Volkes den Ort.«

195 Herbert Braun: *Jesus – der Mann aus Nazareth und seine Zeit*, Gütersloh 1989$^{2}$, S. 250.

196 Vgl. Theissen / Merz, *Historischer Jesus*, S. 327–330.

Die aber schwiegen.
5 Und nachdem er sie ringsum mit Zorn angeblickt hatte, betrübt über die
Verstockung ihrer Herzen, sagt er dem Menschen: Streck die *Hand* aus!
Und er streckte sie aus, und seine *Hand* war wiederhergestellt.
6 Und die Pharisäer gingen hinaus und hielten mit den Herodianern
sogleich Rat gegen ihn, damit sie ihn vernichteten.

Die Sabbat-Thematik nimmt auf die vorangehende Geschichte vom Ährenraufen (Mk 2,23–28) Bezug. Die Erzählung steigert die Feindschaft zwischen den jüdischen Oberen und Jesus. Nach der erfolgten Heilung fassen diese den Beschluss, Jesus zu töten, was ihnen Mk 14–15 zufolge auch gelingt. Dadurch, dass der Kranke in die Mitte treten soll, wird verdeutlicht: Im Mittelpunkt steht, ebenso wie in Mk 2,27, der Mensch, nicht das Gesetz.

### TATSACHEN

Das Streitgespräch über die Erlaubnis, am Sabbat heilen zu dürfen, hat nie stattgefunden. Denn es ist deutlich von den Bedürfnissen der Gemeinde geprägt. Gleichwohl liegt dieser Szene das Wissen darüber zugrunde, dass Jesus zuweilen bewusst das Sabbatgebot übertreten hat (vgl. den Grundsatz Mk 2,27).

### *Lk 13,10–17*: Heilung der verkrümmten Frau am Sabbat

10 Er lehrte aber in einer der Synagogen am **Sabbat**.
11 Und siehe, (da war) eine Frau, die seit achtzehn Jahren einen Krank-
heitsgeist hatte, und sie war zusammengekrümmt und konnte sich nicht ganz
aufrichten.
12 Als Jesus sie aber sah, rief er sie herbei und sagte ihr: Frau, du bist von
deiner Krankheit *ERLÖST*, 13 und er legte ihr die Hände auf.
Und sogleich richtete sie sich wieder auf und pries GOTT.

14 Der Synagogenvorsteher aber, ärgerlich darüber, dass Jesus am **Sabbat**
geheilt hatte, ergriff das Wort und sagte der ***VOLKSMENGE***: Es gibt sechs Tage,
an denen man arbeiten soll. An ihnen nun sollt ihr kommen und euch heilen
lassen – und nicht am Tag des **Sabbats**.

[15] Der *HERR* aber antwortete ihm und sagte: Ihr Heuchler, *LÖST* nicht
jeder von euch am SABBAT seinen Ochsen oder den Esel von der Krippe und
führt ihn weg und tränkt ihn? [16] Diese aber, die eine Tochter Abrahams ist,
die der Satan *gefesselt* hat, siehe, achtzehn Jahre lang, sollte am Tag des **Sab-
bats** nicht *GELÖST* werden von dieser *Fessel*?

[17] Und als er dies sagte, wurden alle beschämt, die gegen ihn waren.

Und die ganze ***VOLKSMENGE*** freute sich über alle herrlichen Dinge, die durch ihn geschahen.

Lk erzählt im ersten Teil der Perikope eine in sich geschlossene Krankheits- und Heilungsgeschichte, die in den Lobpreis der Geheilten in V. 13b mündet. Im zweiten Teil folgt ein Streitgespräch über die Rechtmäßigkeit, am Sabbat zu heilen.

### TATSACHEN

Die Geschichte ist unhistorisch. Doch steht fest, dass Jesus oft mit dem Sabbatgebot in Konflikt gekommen ist (vgl. zu Mk 3,1–6). Für V. 15 gilt dasselbe Urteil wie für Lk 14,5 (s. sofort).

*Lk 14,1–6*: Heilung eines Wassersüchtigen am Sabbat

[1] Und es geschah, als er ins Haus eines der Vorsteher der **PHARISÄER** kam, um am ***Sabbat*** Brot zu essen, da belauerten sie ihn.

[2] Und siehe, da war ein wassersüchtiger Mensch vor ihm.

[3] Und Jesus ergriff das Wort und sprach zu den Gesetzeskundigen und **PHARISÄERN** und sagte: Ist es erlaubt, am ***Sabbat*** zu heilen, oder nicht?

[4] Sie aber schwiegen.

Und er fasste ihn an, machte ihn gesund und entließ ihn.

[5] Und zu ihnen sagte er: Wem von euch wird ein Sohn oder Ochse in einen Brunnen fallen, und er wird ihn am Tag des ***Sabbats*** nicht sofort herausziehen?

[6] Und sie vermochten darauf nichts zu entgegnen.

Der vorliegende Text zur Heilung eines Wassersüchtigen am Sabbat, der die Wundergeschichte Mk 3,1–6 abwandelt, steht am Anfang einer größeren Einheit (Lk 14,1–24). Der Text enthält Worte Jesu an Gesetzeskundige und Pharisäer.

Wie in Mk 3,4 bringt Jesus die Gegner durch eine sprachlich gleich formulierte Frage und eine anschließende Heilung zum Schweigen.

V. 5 enthält ein verbreitetes traditionelles Argument aus frühchristlichen Auseinandersetzungen über den Sabbat.[197] V. 6 unterstreicht die Überlegenheit Jesu.

#### TATSACHEN

Das Sabbatwort in V. 5 diente, ebenso wie das in Lk 13,15 und wie das allgemein formulierte Sabbatwort in Mk 3,4, dem historischen Jesus dazu, Heilungen am Sabbat zu rechtfertigen.

## 8. Gerichtsworte

### *Lk 12,54b–56*: Über die rechte Einschätzung der Zeit

54b Wenn ihr eine Wolke im Westen aufsteigen seht, sagt ihr sofort: Es kommt Regen; und es geschieht so.

55 Und wenn (ihr) den Südwind wehen (seht), sagt ihr: Es wird Hitze sein; und es geschieht.

56 Heuchler, das Antlitz der Erde und des Himmels versteht ihr einzuschätzen; diese Zeit aber, wieso wisst ihr die nicht einzuschätzen?

V. 54b–56 enthalten ein »Gleichnis von den Zeichen der Zeit«, das nur im EvLk steht.[198] »Eine Vergleichungspartikel fehlt, das Gleichnis hat die Form der Aussage, und zwar in 2. Pers. Die Anwendung erfolgt *e contrario* als rhetorische Frage.«[199]

#### TATSACHEN

V. 54b–56 sind echt. Der Text handelt von einer Krise. Ihr gegenüber müssen die Zuhörer die richtige Entscheidung treffen. Da die

[197] Vgl. Mt 12,11.
[198] Ein späterer Schreiber hat es sekundär in Mt 16,2b–3 eingeschoben.
[199] Bultmann, *Synoptische Tradition*, S. 185.

Situation der späteren Gemeinde nicht sichtbar und Jesus selbst nicht Teil des Gleichnisses ist, dürfte es auf ihn zurückgehen. Themen, über die er im Bild geredet hat, sind das unverhofft einbrechende Reich Gottes und die mit ihm verbundene Vergeltung.

### *Lk 13,6–9*: Der Feigenbaum

6 Er sagte aber diese Parabel: Jemand hatte einen Feigenbaum, der in seinem Weinberg gepflanzt war, und er kam und suchte *Frucht* an ihm und fand keine.

7 Er sagte aber zum Weingärtner: Siehe, seit drei Jahren komme ich und suche eine *Frucht* an diesem Feigenbaum und finde keine: Hau ihn ab! Warum soll er die Erde entkräften?

8 Der aber antwortet und sagt ihm: Herr, lass ihn noch dieses Jahr, bis ich um ihn herum umgrabe und Mist streue;
9 vielleicht bringt er künftig *Frucht*. Wenn aber nicht, sollst du ihn abhauen.

Der Text ist eine Parabel ohne Anwendung.

## TATSACHEN

Die Parabel vom Feigenbaum ermahnt zur Wachsamkeit angesichts des nahen Endes. Jesus ist nicht Teil des Gleichnisses *(DK)*. Dessen Inhalt passt zu Jesu Naherwartung (*KK*) und zur Naherwartung des Täufers, die Jesus übernommen hat.[200] Sie ist deswegen echt.[201] Der Feigenbaum stellt bildlich Israel dar, das in der vorliegenden Parabel von der Kirche noch nicht ersetzt ist.[202] Auch dies spricht für den historischen Jesus als Dichter der vorliegenden Parabel (*DK*).

### *Mt 24,40–41*: Mahnung zur Wachsamkeit

[Über die Ankunft des Menschensohns:]

40 Dann werden zwei auf dem Felde sein;

200 Vgl. Mt 3,10.

201 Vgl. Bultmann, *Synoptische Tradition*, S. 130.

202 Man vgl. demgegenüber Mk 12,1b–11; Mt 22,2–14; 23,13–38.

einer wird angenommen
und einer wird zurückgelassen.

41 Zwei werden an der Mühle mahlen;
eine wird angenommen,
und eine wird zurückgelassen.

Das Stück geht auf Q[203] zurück und hebt einen negativen Aspekt der Endkatastrophe heraus: die Scheidung zwischen Einzelpersonen.

### TATSACHEN

V. 40–41 sind echte Jesusworte, denn es gibt nur wenige jüdische Parallelen (*SK*). Ferner ist Jesus nicht Teil des Textes, und spezifisch christliche Merkmale für das Endgericht liegen auch nicht vor *(DK)*.

### *Mk 8,31–33*: Die Verfluchung Satans in der Person des Petrus

31 Und er (Jesus) begann sie zu lehren: Der Menschensohn muss viel leiden und verworfen werden von den Ältesten und den Hohenpriestern und den Schriftgelehrten und getötet werden und nach drei Tagen auferstehen.
32 Und mit Freimut redete er das Wort.
Und Petrus nahm ihn beiseite und begann ihn zu **BEDROHEN**.
33 Er aber wandte sich um, sah seine Jünger und **BEDROHTE** Petrus und sagt: Tritt hinter mich, Satan, denn du hast nicht GOTTES Sache im Sinn, sondern der Menschen Sache!

Mit Mk 8,27 beginnt der zweite Teil des EvMk. Den Jüngern eröffnet Jesus, wer er wirklich sei und dass er vor seiner Auferstehung leiden müsse. Petrus widersetzt sich dem Leidensgedanken, worauf Jesus ihn als Satan anredet.

203 Vgl. Lk 17,34–35.

Die Anrede des Petrus als Satan geht auf historisch zuverlässige Überlieferung zurück. Denn diese »Verteufelung« des angesehenen Jüngers lässt sich aus der Gemeinde nicht ableiten (*DK*).

Der Satan, dessen Sturz Jesus bereits geschaut hatte[204], trat Jesus ausgerechnet in der Erwartung seines engsten Vertrauten entgegen. Daher redet er Petrus als Satan an und belegt ihn mit dem Bann.

## 9. Verschiedene Sprüche

***Th 42***: Jesus sagte: Werdet Vorübergehende!

Der Spruch ist der kürzeste im EvTh. Er hat keine direkten Parallelen im frühchristlichen Schrifttum[205], doch findet sich ein ähnliches Wort in arabischer Sprache auf einer Inschrift an dem Portal einer Moschee in Indien. Es heißt dort: »Jesus, über dem Friede sei, hat gesagt: Die Welt ist eine Brücke. Geht über sie hinüber, aber lasst euch nicht auf ihr nieder.«[206]

Th 42 entspricht verschiedenen Logien im EvTh[207] und nimmt deren Distanz zur Welt auf.[208]

[204] Lk 10,18.

[205] Man vgl. aber den Satz, der wohl aus einer Ostergeschichte stammt, Mk 6,48b: »Er (Jesus) wollte an ihnen (den Jüngern) vorübergehen.«

[206] Übersetzung nach Joachim Jeremias: *Unbekannte Jesusworte*, Gütersloh 1965[3], S. 105–110. Vgl. auch Gerhard Marcel Martin: *Werdet Vorübergehende. Das Thomas-Evangelium zwischen Alter Kirche und New Age*, Stuttgart 1988, S. 172–173.

[207] Th 21,6; 27,1; 56,1–2; 80,1–2; 110; 111,3.

[208] Zur Interpretation von Th 42 vgl. ferner Henning Paulsen: Werdet Vorübergehende … in: ders.: *Zur Literatur und Geschichte des frühen Christentums*, Tübingen 1997, S. 1–17.

Das Wort passt zu Jesu Wanderschaft und Heimatlosigkeit, die sein Wirken und das seiner Jünger prägten[209] (*KK*).

### *Mt 6,25–34*: Wider das Sorgen

25 Deshalb sage ich euch:
SORGT nicht für euer Leben,
was ihr essen oder was ihr trinken sollt,
noch für euren Leib,
was ihr anziehen sollt.
Ist nicht das Leben mehr als die Nahrung,
und (ist nicht) der Leib (mehr) als die Kleidung?
26 Seht auf die Vögel des Himmels:
sie säen nicht
und ernten nicht
und sammeln nicht in Scheunen;
und *euer himmlischer* **VATER** ernährt sie.
Seid ihr nicht mehr wert als sie?
27 Wer aber von euch kann, indem er sich SORGT, zu seiner Lebenszeit
eine einzige Elle hinzusetzen?
28 Und warum SORGT ihr euch um Kleidung?
Achtet auf die Lilien des Feldes, wie sie wachsen:
sie arbeiten nicht und spinnen nicht.
29 Ich sage euch aber: Nicht einmal Salomo in all seiner Pracht war geklei-
det wie eine von diesen.
30 Wenn GOTT aber das Gras des Feldes, das heute steht und morgen in
den Ofen geworfen wird, so kleidet: nicht viel mehr euch, ihr Kleingläubi-
gen?
31 Ihr sollt euch also nicht SORGEN und sagen:
Was sollen wir essen?
Oder: Was sollen wir trinken?
Oder: Womit sollen wir uns kleiden?
32 Denn nach all diesen Dingen suchen die Heiden.
Denn *euer himmlischer* **VATER** weiß, dass ihr all dies braucht.
33 Trachtet zuerst nach dem Reich GOTTES und nach seiner (Gottes)
Gerechtigkeit, so wird auch das alles hinzugefügt werden.

[209] Vgl. Mt 8,20 / Lk 9,58 (= Q); Th 86.

[*Sekundär*: 34 SORGT also nicht für den morgigen Tag, denn der morgige Tag wird für sich selbst sorgen. Jeder Tag hat an seiner Plage genug.]

In V. 25–33 verarbeitet Mt die Q-Quelle.[210] Das Thema des Stückes ist das an Hand weisheitlicher Beispiele erläuterte Gebot, nicht zu sorgen. Es steht wie eine Überschrift über dem Folgenden (V. 25).

V. 34 ist ein pessimistisch klingender Nachtrag, der das vorher Gesagte faktisch zurücknimmt. Der Anhang verarbeitet Misserfolge der Gemeinde und findet sich nicht im EvLk, demnach auch nicht in Q.

## TATSACHEN

Theologische Lehre und Naherwartung schließen sich, wie wir gesehen haben, nicht aus. Jedenfalls ist der Befund, dass Jesus das Reich Gottes in allernächster Zukunft erwartet hat, kein Grund, das überwiegend weisheitlich geprägte Stück Mt 6,25–33 für unecht zu halten (*DK*). Zudem *enthält* V. 33 einen Ausblick auf das bald einbrechende Reich Gottes.

Gerd Theissen hat in einem glänzenden Aufsatz mit dem Titel »Wanderradikalismus« die in Q vorliegende Spruchtradition untersucht und dabei unter anderem den obigen Text Mt 6,25–33 herangezogen.[211] In ihm spiegele sich »die Härte der heimat- und schutzlosen vogelfreien Existenz wandernder Charismatiker, die ohne Besitz und Arbeit durch die Lande ziehen«[212], wider. Man dürfe »in dieses Wort nicht die Stimmung eines sonntäglichen Familienspazierganges hineinlesen. Es geht hier nicht um die Freude an Vögeln,

210 Vgl. Lk 12,22–31.

211 Gerd Theissen: Wanderradikalismus. Literatursoziologische Aspekte der Überlieferung von Worten Jesu im Urchristentum, in: *Zeitschrift für Theologie und Kirche* 70 (1977), S. 245–271. Ich zitiere im Folgenden nach dem Wiederabdruck dieses Textes in Gerd Theissen: *Studien zur Soziologie des Urchristentums*, Tübingen 1979, S. 79–105.

212 Theissen, *Studien*, S. 85.

Blumen und Wiesen.«[213] THEISSEN fährt fort: Dieser Wanderradikalismus, den der historische Jesus mit seinen Jüngern lebte, »lässt sich nur unter extremen Lebensbedingungen praktizieren und tradieren. ... Nur am Rande der Gesellschaft hat dies Ethos eine Chance.«[214]

### *Lk 9,62*: Blick nach vorn

Jesus sagte: Niemand, der die Hand an den Pflug gelegt hat und nach hinten schaut, ist brauchbar für das Reich Gottes

Dies ist ein isolierter Jesusspruch in der Form eines Bildwortes. Zum Nach-hinten-Schauen vgl. Gen 19,26: Lots Frau erstarrt zur Salzsäule, als sie auf Sodom und Gomorra zurückblickt.

#### TATSACHEN

Das Wort ist echt und spiegelt, typisch für Jesus, die »Energie des Bußrufs«[215] wider (*KK*).

## 10. TODESPROPHETIE?

### *Mk 14,25*: Jesu Tod und die Zukunft

Amen, ich sage euch: Ich werde nicht mehr *trinken* vom Gewächs des Weinstocks bis zu jenem Tag, wenn ich es neu *trinke* im Reich Gottes.

Mk hat den vorliegenden Spruch an den Einsetzungsbericht des Herrenmahls[216] angehängt. Jesus sagt in ihm voraus, erst wieder im Reich Gottes Wein zu trinken. (Ob er vorher mit seinem Tod

[213] THEISSEN, *Studien*, S. 85–86. Neben der Kritik an Reichtum und Besitz, die er im obigen Text wiederfindet, verbindet THEISSEN mit dem »Wanderradikalismus« ein Ethos der Heimatlosigkeit und eine afamiliäre Gesamthaltung (THEISSEN, *Studien*, S. 83–84).

[214] THEISSEN, *Studien*, S. 86.

[215] Vgl. BULTMANN, *Synoptische Tradition*, S. 110.

[216] Mk 14,22–24.

rechnet, bleibt unklar.) »Damit ist das gegenwärtige Mahl zum eschatologischen Mahl in der himmlischen Vollendung in Beziehung gesetzt.«[217] Für Juden sind die Freuden des Reichs immer »Tafelfreuden«.[218]

Das Wort ist eine Todesprophetie, falls Jesus nicht damit gerechnet hat, bis zur Ankunft des Reiches Gottes zu überleben.[219]

### TATSACHEN

Dieses Wort ist echt und stammt nicht aus der nachösterlichen Kirche. Jesus übt in ihm keine besondere Aufgabe für die Gläubigen beim unmittelbar bevorstehenden Festessen im Himmel aus. Allein die Naherwartung des zukünftigen Reiches Gottes steht im Mittelpunkt, nicht jedoch Jesus als Heilsbringer (*DK*).

[217] Joachim Gnilka: *Das Evangelium nach Markus.* 2. Teilband, Neukirchen-Vluyn 1979, S. 246.

[218] Wellhausen, *Evangelienkommentare*, S. 435.

[219] Vgl. Theissen / Merz, *Historischer Jesus*, S. 233.

# AUSGANG IN JERUSALEM

## 1. Hinrichtung am Kreuz[220]

Die Kreuzigung Jesu ist eine Tatsache. Christen hätten sie nie erfunden, denn als Bestrafung ihres geliebten Herrn musste sie als höchst anstößig gelten (*AK*).

Als politische Strafe war die Kreuzigung weit verbreitet und üblich. Zur Abschreckung wurde sie für jedermann hörbar und sichtbar vollzogen. Sie befriedigte den Sadismus der verschiedenen Herrscher, die Grausamkeitsphantasien der ausführenden Soldaten und die primitiven Rachegelüste der Massen. Ausgepeitscht und gequält, erlitt der nackte Gekreuzigte – öffentlich zur Schau gestellt – grausame Schändungen. »Eine letzte Verschärfung erhielt die Kreuzesstrafe durch die häufig vorgenommene Verbindung mit der *Grabverweigerung*. Daß der Gekreuzigte den wilden Tieren und Raubvögeln zum Fraß diente, war ein feststehendes Bild.«[221] Es war mehr als ein Bild und ungezählte Male eine furchtbare Realität.

## 2. Selbstbetrug der Jünger

Die Nachgeschichte Jesu ist Teil seines Lebens, denn nur ihretwegen wissen wir überhaupt etwas von ihm. Sie erwies sich zugleich als große Überraschung: Obwohl Jesus an der Realität gescheitert war, triumphierten seine Jünger in der Vision.

Nicht lange nach dem Schock von Karfreitag behaupteten Kephas und die engsten Jünger, halluzinierend, Jesus sei von den

220 Zum Folgenden vgl. Martin Hengel: *Mors turpissima crucis*. Die Kreuzigung in der antiken Welt und die »Torheit« des »Wortes vom Kreuz«, in: Johannes Friedrich u.a. (Hg.): *Rechtfertigung*. Festschrift für Ernst Käsemann zum 70. Geburtstag, Tübingen / Göttingen 1976, S. 125–184, hier S. 145–181.

221 Hengel, *Kreuzigung*, S. 179.

Toten erweckt worden. Sie hätten ihn gesehen, und er werde als Gottessohn, Retter, Christus, Menschensohn auf den Wolken des Himmels demnächst wiederkommen.

Nun besteht kein Zweifel daran, dass zahlreiche Menschen in der Antike Visionen von Verstorbenen hatten. Allerdings bedeutete das nicht, dass diese Toten wieder lebendig oder gar erweckt wurden. Sie blieben vielmehr tot.[222] Auch gibt es im Judentum keinen einzigen Text, in dem die Vision eines Menschen, der getötet worden war, zur Annahme führte, er sei auferstanden.[223]

Um zu verstehen, *warum* die visionäre Schau Jesu durch Petrus und die Jünger sie glauben ließ, ihr geliebter Meister sei auferweckt worden, müssen wir die Phantasien der Jünger vergegenwärtigen und uns klarmachen:

(a) »Auferstehung« hatte im Judentum allgemein eine endzeitliche Bedeutung, sie war Teil der kommenden Welt.

(b) Juden erwarteten damals allgemein, dass Gott in der nächsten Zukunft eine neue Ordnung schaffe, die in der Tat die Auferweckung von den Toten, die Bestrafung der Bösen und die Belohnung der Gerechten einschließen werde. Das war auch der hochmythologische Glaube Jesu und seiner Jünger.

(c) Außerdem erlebten die Jünger die Gegenwart des Reiches Gottes bereits enthusiastisch in der Gemeinschaft mit Jesus. Sie hatten ihn sagen hören: »Ich sah den Satan wie einen Blitz aus dem Himmel fallen«[224], und folgerten daraus Jesu und ihren eigenen unmittelbar bevorstehenden Sieg über den Satan.

(d) Ähnlich besaß Jesus, wahnhaft phantasierend, die Kraft, Dämonen »mit dem Finger Gottes«[225] auszutreiben. Er ließ

[222] Vgl. DIETER ZELLER: *Religionsgeschichtliche Erwägungen zur Auferstehung*, in: *Zeitschrift für Neues Testament* 19 (2007), S. 15–23 (Lit.); DIETER ZELLER: Erscheinungen Verstorbener im griechisch-römischen Bereich, in: R. BIERINGER u.a. (Hg.): *Resurrection in the New Testament*. Festschrift J. Lambrecht, Leuven 2002, S. 1–19.

[223] Vgl. U. B. MÜLLER: *Die Entstehung des Glaubens an die Auferweckung Jesu. Historische Aspekte und Bedingungen*, Stuttgart 1998, S. 61–62.

[224] Luk 10,18.

[225] Luk 11,20.

seine Jünger auf diese Weise am anbrechenden Reich Gottes teilhaben.

(e) Im Lichte solcher Erfahrungen mit Jesus dürfte Petrus seine Vision Jesu so gedeutet haben, dass der Tod seines Meisters den Anfang vom Ende der gegenwärtigen Zeit ankündigte. Petrus erkannte Jesus – um Paulus' späteren Ausdruck zu gebrauchen – als den »Ersten der Entschlafenen«[226]. In einem kühnen Schluss bezog er die Vorstellung von der *allgemeinen Auferstehung* am Ende der Zeiten auf eine *einzelne Person* – Jesus.[227]

Fortan war der »auferstandene« Jesus Herr des gesamten Kosmos; die Jünger traten in seine Spuren, um das begonnene Werk zu vollenden. Sie trieben in Jesu Namen Dämonen aus und vollbrachten ähnliche »Wunder« wie er.[228] Viele dienten als sein Sprachrohr.[229] Den Gipfel bildete die Bekehrung des Christenverfolgers Paulus, der durch den Auftrag des »Auferstandenen« der Heidenmission den entscheidenden Impuls vermittelte und sie im großen Stil organisierte. Er – der Jesus von Nazareth weder gesehen noch gehört, noch mit ihm gesprochen hatte – wurde zum eigentlichen Gründer des Christentums.[230]

All dies war ein Wirrwarr ohnegleichen. An seinem Ende stand die fast ausschließlich aus Heiden bestehende Kirche Jesu Christi, die Jesu »ungläubige« jüdische Volksgenossen als Menschen- und Gottesfeinde abstempelte[231] und sie sogar als »Gottesmörder« verunglimpfte.[232] Ihre Theologen machten die heilige Schrift der

226 1Kor 15,20.

227 Vgl. MÜLLER, *Entstehung*, S. 70–71.

228 Lk 10,17. 19.

229 Die erfundenen Worte Jesu machen den größten Teil der Evangelien des Neuen Testaments aus. Als Überblick vgl. GERD LÜDEMANN: *Der erfundene Jesus*, Springe 2009².

230 Vgl. GERD LÜDEMANN: *Paulus, der Gründer des Christentums*, Lüneburg 2001 (Lit.).

231 Zu »Menschen- und Gottesfeinde(n)« vgl. bereits eine in 1Thess 2,15 aufgenommene Überlieferung. Vgl. GERD LÜDEMANN: *Der älteste christliche Text. Erster Thessalonicherbrief*, Springe 2011, S. 55–59.

232 Vgl. MELITO VON SARDES, *Vom Passa* 94–99 (vgl. die Übersetzung und Kom-

Juden, bekannt als »Altes Testament«, zu einem rein christlichen Buch. An vielen seiner Stellen rede Gott bereits von Jesus und kündige dessen Kommen an. Ja, bereits bei der Schöpfung der Welt habe Jesus Gott zur Seite gestanden.

War es schon eine Tragödie, dass der historische Jesus in Jerusalem einer politischen Intrige zum Opfer fiel, so gilt das gesteigert von der Art und Weise, in der Christen seit zweitausend Jahren den Mann aus Nazareth in der Gestalt des geglaubten »Auferstandenen« für ihre kirchlichen und politischen Zwecke verfälschten. Begonnen aber hatte alles mit dem frommen Betrug der Jünger.[233]

mentierung von Josef Blank: *Vom Passa*, Freiburg 1963, S. 101–131, hier S. 127–128).

233 Zu Wolfgang Stegemann: *Jesus und seine Zeit*, Stuttgart 2010, S. 93–94, der meinen Gebrauch des Begriffs »Betrug« im Zusammenhang der Entstehung des Christentums beanstandet. *Antwort:* Der Begriff »Betrug« hat nicht nur eine strafrechtliche Bedeutung, sondern gehört auch zur religiösen Polemik. Ein Beispiel findet sich im Neuen Testament, Mt 27,64: Die Hohenpriester und Pharisäer bitten Pilatus um Wachen für das Grab Jesu, damit nicht »der letzte Betrug schlimmer sei als der erste.« Der »letzte Betrug« bezieht sich auf die Gefahr, dass die Jünger den Leichnam Jesu stehlen und dem Volk sagen könnten, er sei auferstanden, der Hinweis auf den »erste(n) Betrug« nimmt Jesu Voraussage in Mt 12,40 auf, der zufolge der Menschensohn Jesus im Schoß der Erde drei Tage und drei Nächte sein werde. Wie Mt 28,11–15 zeigt, sollen die Hohenprieser und Ältesten die Grabwächter bestochen haben zu lügen, dass die Jünger den Leichnam Jesu, während die Grabwächter schliefen, aus dem Grab gestohlen hätten. All dies zeigt: die Kontroverse über den »Betrug« der Jünger war bereits *vor* der Zeit des ersten Evangelisten in vollem Gange. Vgl. noch Mt 28,15b: »Und diese Kunde verbreitete sich unter Juden bis auf den heutigen Tag.«

# LEBENSLAUF JESU[234]

## Einleitung

Jesus stammt vom Lande, ein dörfliches Milieu prägt seine Verkündigung. Sie nennt den Sämann auf dem Acker[235], den Hirten mit seiner Herde[236], die Vögel unter dem Himmel[237], die Lilien auf dem Feld.[238] Das winzige Senfkorn im Garten wird dem Mann aus Nazareth zum Bild für das sichere Kommen des Reiches Gottes[239] – für damalige Juden der zukünftige Vollendungszustand, wenn Gott allein und unbestritten als König herrschen wird.

Aufgewachsen ist Jesus im Kreis von mehr als fünf Geschwistern, wohl als der Älteste[240], im Dorf Nazareth in Galiläa. Seine Muttersprache war Aramäisch, was nicht ausschließt, dass er einige Brocken Griechisch verstanden hat. Von seinem Vater erlernte er den Beruf des Zimmermanns. Lesen und schreiben konnte er, wie die meisten seiner Zeitgenossen, nicht.[241] Die heimatliche Synagoge war neben dem Elternhaus der Ort seiner Erziehung. Hier und bei anderen Gelegenheiten lernte er Partien aus der Thora: Gebote, prophetische Weisungen und Voraussagen sowie spannende Geschichten aus den Schriften, beispielsweise die Erzählungen von den Wunderpropheten Elia und Elisa, die viele fromme Gemüter der damaligen Zeit erhitzten.[242]

[234] *Jesus 2000*³, S. 573–582 (überarbeitet).
[235] Mk 4,3–8.
[236] Lk 15,4–6.
[237] Mt 6,26.
[238] Mt 6,28.
[239] Mk 4,30–32.
[240] Gal 2,27.
[241] S. oben, S. 21.
[242] 1Kön 17–19; 2Kön 1–8.

Die Grenzen von Jesu damaligem Umfeld werden durch einen Vergleich mit dem Apostel Paulus, der mit ihm gleichaltrig war, sichtbar. Paulus kam nicht vom Dorf, sondern war ein Städter. Das weisen die von ihm gebrauchten Bilder aus. Seine Briefe zeigen das Treiben in der Stadt, durch die sich der feierliche Triumphzug bewegt.[243] Oft entnimmt Paulus Bilder dem Leben der Soldaten.[244] Ebenso benutzt er Entsprechungen aus dem Rechtsleben[245], ja sogar aus dem Theater[246] und zu den Wettspielen.[247]

Jesus dagegen hat wohl niemals ein Theater oder eine Arena gesehen. Dabei war die von griechischer Kultur geprägte Stadt Sepphoris, wo er als Handwerker Arbeit gefunden hätte, nur 4 km von Nazareth entfernt. Im Gegensatz zu Jesus konnte Paulus lesen und schreiben und hatte zusätzlich sowohl eine jüdische als auch eine griechische Ausbildung erhalten. Aramäisch beherrschte er zwar auch, doch seine Muttersprache war Griechisch. Als römischer Bürger war er mit zahlreichen Vorrechten ausgestattet.

Von Herkunft und Bildung her standen sich in Paulus und Jesus Welt und Provinz gegenüber. Bei einer persönlichen Begegnung hätten sie sich vermutlich wenig zu sagen gewusst. Die sozialen Barrieren wären der Kommunikation nicht förderlich gewesen. Vielleicht hätte Paulus gegenüber einem solchen Naturburschen wie Jesus aus Galiläa lediglich geschmunzelt, womöglich aber auch nur mit den Achseln gezuckt. Jesus wäre es umgekehrt kaum anders gegangen. Denn der schulmäßigen, strengen Auslegung von Geboten, Propheten und Schriften in all ihren diffizilen Untersuchungen wäre er nicht gewachsen gewesen.

Aber trotz aller Unterschiede hatten die beiden auch Gemeinsamkeiten. Jesus und Paulus waren entschiedene Juden, die stolz

243 Vgl. 2Kor 2,14.
244 2Kor 10,3–5
245 Gal 3,17.
246 1Kor 4,9.
247 1Kor 9,24.

auf ihren Gott waren, den Vater, der Himmel und Erde geschaffen und der Israel erwählt hat. Beide lebten in der Gewissheit, dass Jerusalem von Gott zum Mittelpunkt des Kosmos auserkoren war. Von hier aus sollte am Ende der Tage der »Retter« kommen[248], und hier wurden, von Gott angeordnet, die Opfer für die Sünden der Juden dargebracht. Gleichzeitig hielten die großen Feste wie Passah, Pfingsten und Laubhüttenfest den Zyklus des Jahres zusammen und brachten regelmäßig große Scharen von jüdischen Pilgern aus aller Herren Ländern in die heilige Stadt. Zusätzlich behaupteten sowohl Jesus als auch Paulus von sich, Satan, den Widersacher Gottes, zu kennen, und besaßen die Spezialbegabung, »böse Geister« auszutreiben.

## Jesu Makel

Es gibt im Leben eines jeden Menschen Besonderheiten, die von Naturanlagen bis hin zu Schicksalsschlägen reichen. Bei Paulus war es wahrscheinlich eine Krankheit, die ihn für ekstatische Erfahrungen besonders geeignet machte. Er spricht in Andeutungen hierüber als den Pfahl im Fleisch, den Engel des Satans, der ihn auf Befehl Gottes mit Faustschlägen bearbeitete.[249]

Bei Jesus ging es um einen dunklen Punkt in seiner Herkunft. Jesus war mit einem schweren Makel behaftet, der auch auf seiner Mutter Maria lag. Jesus, ihr ältestes Kind, war nämlich unter dubiosen Umständen gezeugt worden. Die Geburtsgeschichte des EvMt[250] erkennt das Fehlen eines Vaters an und nennt den Heiligen Geist als Erzeuger. Gleichzeitig wird Maria gegenüber dem Vorwurf unsittlichen Verhaltens in Schutz genommen, denn auch die Ahnfrauen des Messias seien in unmoralische Dinge verwickelt gewesen.[251] Aber all das habe Gott nicht von seinem Plan abgebracht, aus dem Geschlecht dieser anrüchigen Frauen den Messias und Gottessohn erstehen zu lassen.

[248] Röm 11,26.
[249] 2Kor 12,7.
[250] Mt 1,18–25.
[251] Mt 1,2–17.

Doch ist theologische Deutung auf goldenem Grund eines, historische Realität im Staub dieser Erde etwas anderes. In seinem Heimatort Nazareth wurde Jesus unter Hinweis darauf, dass er ein Bastard sei, »Sohn der Maria« genannt. Die spätere Adoption durch Joseph – lange vor Jesu öffentlichem Auftreten – änderte nichts daran, dass Jesus durch diesen Schatten in seiner Herkunft stigmatisiert wurde.

Wahrscheinlich lernte Jesus früher oder später, was es heißt, als Sohn einer Hure zu gelten, und in dieser Erfahrung wurzelte seine spätere Zuwendung zu verachteten Menschen: zu Huren, Zöllnern und Sündern. Sicher leitet sich hieraus auch sein zerstörtes Verhältnis zu seiner eigenen Familie her. Das vierte Gebot, das die Ehrung von Vater und Mutter vorschrieb, galt für Jesus nicht mehr. »Der verletzenden Zurücksetzung überdrüssig, verließ der junge Mann seine Familie.«[252]

## Jesus und Johannes der Täufer

Nun reichen Neigungen und Verletzungen noch nicht aus, um eine Bewegung ins Leben zu rufen. Es müssen Impulse durch andere Menschen hinzukommen. Jesus erhielt sie von Johannes dem Täufer.

Dieser stand in einer langen Reihe von jüdischen Unheilspropheten, die zur Umkehr angesichts des bevorstehenden Tages Gottes mahnten. Zugleich verband er seine Gerichtspredigt mit der Ansage einer Sündenvergebung, die allen jenen zuteil werden sollte, die sich von ihm taufen ließen. Damit sei gewährleistet, dass sie dem kommenden Zorn entgehen könnten.

Seine Predigt zündete wie der Blitz und führte zahlreiche Juden zu ihm an den Jordan. Unter ihnen war der Galiläer Jesus von Nazareth, den es in den Süden verschlagen hatte und der sich von Johannes zur Vergebung der Sünden taufen ließ. Auch in Jesus brach sich eine bohrende Unruhe Bahn, und sie fand eine vorläufige Beruhigung im Umkreis des Täufers. Mit dem Anschluss an ihn hatte Jesus

252 Lang, *Jesus der Hund*, S. 138.

ein neues Zuhause gefunden, das sich von seiner leiblichen Familie sehr unterschied. Er gehörte nun zu einer Gruppe von Asketen, die Gott allein gehorsam sein wollten und ihm für eine letzte Frist zur Umkehr dankten.

Die Mitglieder der Priesteraristokratie in Jerusalem dürften über den Sonderling am Jordan, Johannes, irritiert gewesen sein. Hatte Gott selbst nicht allein den Priestern Aufsicht, Verwaltung und Durchführung der Sühne wirkenden Opfer anvertraut? Aber solange der Tempel nicht unmittelbar gefährdet war, ließ man die Täufersekte am Jordan gewähren. Außerdem gab es damals inspirierte Propheten, die einmal dies, das andere Mal jenes weissagten.

Aber gefährlich war Johannes schon. Mochte man mit seiner indirekten Tempelkritik noch klarkommen, so wurde es für die Machthaber brenzlig, als seine Gerichtspredigt auf den politischen Bereich übergriff. Das bekam der Landesherr Jesu, Herodes Antipas, zu spüren, der daraufhin Johannes kurzerhand als einen Aufrührer hinrichten ließ.[253]

## Jesu Trennung von Johannes dem Täufer

Wie lange sich Jesus in der Umgebung des Täufers aufhielt, wissen wir nicht. Wahrscheinlich hat er sich nicht erst nach der Hinrichtung des Johannes von diesem abgelöst. Vielmehr zeigt die Rivalität zwischen Jesus- und Johannesjüngern[254], dass Jesus schon vor dem Tod des Täufers eigene Wege gegangen sein muss. Dies ist nicht im Sinne eines Traditionsabbruches, sondern als weiterführende Zuspitzung der Täuferpredigt durch den Mann aus Nazareth zu verstehen.

Dieser Aufbruch war bei Jesus mit viererlei verbunden: *Erstens* behagte ihm auf Dauer die asketische Grundhaltung des Johannes nicht.[255] Dem entspricht, dass er *zweitens* die Predigt vom Reich Gottes und *drittens* die allen zugängliche Tischgemeinschaft ins

[253] Vgl. Mk 6,14–29 und *Jesus 2000*[3], S. 61–63.

[254] Vgl. oben, S. 25–26.

[255] Vgl. die Gegenüberstellung bei THEISSEN / MERZ, *Historischer Jesus*, S. 194–198.

Zentrum rückte. Und *viertens* entdeckte Jesus in sich die Fähigkeit, Besessene zu heilen und sie – wie er meinte – der Teufelsmacht zu entreißen. »Man gewinnt den Eindruck, daß Magie aus ihm ›strömte‹ nicht weil er es bewußt so gewollt hätte oder als Ergebnis komplizierter Riten, sondern weil in ihm eine besondere Kraft (*dynamis*) verfügbar war.«[256]

Wie sich die vier genannten Punkte chronologisch und sachlich zueinander verhalten, ist nicht mehr aufzuklären. Wichtig bleibt die Beobachtung, dass keine der genannten Besonderheiten sich für Johannes belegen lässt. Jesus wagte daher einen Neuanfang. Allerdings gehörten wesentliche Züge der Verkündigung Johannes des Täufers weiter zum Kernbestand der Lehren Jesu: zum einen die Erwartung des unmittelbar bevorstehenden Endgerichts, zum anderen der unerbittliche Ernst in der Auslegung und Befolgung des Willens Gottes. Schließlich blieb Jesus ebenso wie Johannes unverheiratet. In dieser Gemeinsamkeit trafen die beiden mit dem Apostel Paulus überein. Dies verdient umso mehr Aufmerksamkeit, als die Zeugung von Nachkommen Pflicht eines jeden Juden war.

## Exorzismen und Wundertaten Jesu

Jesu Fähigkeit, Dämonen auszutreiben, sprach sich in Galiläa bald herum. Seine Exorzismen, in denen er psychisch Kranke heilte, sind die am besten bezeugten »Wundertaten« im Neuen Testament. Damals pflegte man Nerven- und Geisteskrankheiten auf die Besessenheit durch Dämonen zurückzuführen. Als oberster Herrscher dieser gefallenen Engel wurde Satan angesehen. Dem Kampf gegen ihn verlieh Jesus Wirklichkeit. Er schaute, wie Satan, in Vorwegnahme der Ankunft des Reiches Gottes, wie ein Blitz aus dem Himmel fiel.[257] Jesus konnte daher Männer, Frauen und Kinder heilen, indem er sie durch Geisterbeschwörung aus der Herrschaft des Teufels befreite.

[256] Luck, *Magie und andere Geheimlehren*, S. 23.
[257] Lk 10,18.

Krankheit und Sünde bildeten für ihn einen unzerreißbaren Zusammenhang. Auch darin war ihm Paulus ähnlich. Dieser konnte sich die zahlreichen Krankheitsfälle in der Gemeinde von Korinth nur durch den sündhaften Missbrauch des Abendmahls erklären.[258]

## Reich Gottes und die Zwölf

Das Reich Gottes verband sich für Jesus aber nicht nur mit Heilungen und der Befreiung von Krankheiten und Bösem jeglicher Art. Entscheidend war vielmehr die Erwartung der universalen Herrschaft Gottes, an der Jesus zusammen mit den Zwölf beteiligt und als Repräsentanten des »wahren« Israel das übrige Israel richten sollten.[259] Diese Hoffnung verband sich bei ihm aber nicht mit der Sicht, dass er als Messias oder Menschensohn der kommende Retter sei. Vielmehr galt es, dem Reich *Gottes* den Weg zu ebnen.

Die Würde, neben Gott in richterlicher Funktion tätig zu sein, war kaum zu überbieten. Paulus erwartete Ähnliches. Er verlangte von den Gemeindegliedern in Korinth, nicht gegeneinander zu prozessieren, da sie selbst, jeder einzelne, über Engel richten würden.[260] Hier sehen wir in das Herz der frühen Christen und der von Jesus gesammelten Gemeinde förmlich hinein. Nicht Vernunft oder Überlegung, sondern der Wunsch nach Anteilhabe an Gottes Herrschaft gehörten zu den Wurzeln ihres Glaubens. Und diese Herrschaft erstreckte sich nicht auf die Menschen allein. Sie umfasste vielmehr den ganzen Kosmos, den es in die von Gott gewollte, gute Ordnung zurückzubringen galt.

Selbstverständlich ging es bei all dem ausschließlich um das jüdische Volk samt dem neuen Jerusalem im Mittelpunkt; die übrigen Völker waren nur Anrainergruppen. Glühende Hoffnung erfüllte Jesus, dass Gott demnächst seine Zusage einlösen werde. Und im Laufe seines Auftretens – nach der Ablösung von Johannes

[258] 1Kor 11,29–30.
[259] Mt 19,28.
[260] 1Kor 6,2–3.

dem Täufer – gewann er die Überzeugung, dass er selbst die bedeutendste Rolle in diesem Enddrama zu spielen habe. Auch hier ist die Parallele zu Paulus frappierend, denn auch dieser meinte, dort die Hauptperson zu sein, wo es um die endzeitliche Eingliederung der Heiden in das Gottesreich ging.[261]

### THORAVERSCHÄRFUNG UND -KRITIK

Jesu Leben war in seiner entscheidenden Phase geprägt von dem felsenfesten Glauben, im Namen Gottes dessen Gesetz vollgültig auslegen zu müssen. Seine Thorainterpretation war geprägt von einer Verschärfung des Willens Gottes, zum anderen aber auch von Kritik an der Thora.

So verbot er die Ehescheidung unter Berufung auf die gute Schöpfung Gottes, bei der Mann und Frau in der Ehe unwiderruflich ein Fleisch geworden seien[262], und spitzte das Liebesgebot zur Forderung der Feindesliebe zu.[263] Das Schwören[264] verbot er.

Andererseits forderte Jesus seine Jünger auf, die Verwandten zu hassen und Tote nicht zu bestatten. Die Thora reduzierend, betonte er, das Sabbatgebot sei um des Menschen willen da und nicht umgekehrt.[265]

Aber all das, was – modern gesprochen – nach Autonomie aussah, war gegründet in Theonomie. Jesus konnte diese freien und gleichzeitig radikalen Interpretationen des Gesetzes nur durchführen, weil er dazu von Gott, den er ebenso wie später Paulus liebevoll mit Abba (= Papa) anredete[266], die Vollmacht erhalten hatte. »Bei Jesus ist das Leben mit Gott wie ein breiter Strom, der alles überflutet und jeden Damm hinwegschwemmt: es gibt nichts, was von seinen Wogen nicht bedeckt würde.«[267]

[261] Vgl. Röm 11,13–36.
[262] Mk 10,9.11.
[263] Mt 5,44a.
[264] Mt 5,34a.
[265] Mk 2,27; 3,3–4; Lk 13,15–16; 14,5.
[266] Lk 11,2.
[267] HANS LIETZMANN: *Geschichte der Alten Kirche.* Band 1, Berlin 1961$^4$, S. 42.

Dämonenaustreiber und Gesetzesausleger war er, aber gleichzeitig auch ein Dichter und Weisheitslehrer. Dazu erzählte Jesus spannende Geschichten von Betrügern und sah in ihrer realistischen Einschätzung der jeweiligen Situation ein Vorbild für sich und seine eigenen Jünger.[268]

In ethischer Hinsicht ähnelte Jesu Leben und das seiner Jünger unmoralischen Helden, um so mehr, als sie wegen ihrer Wanderschaft keine Einkünfte hatten, sondern sich von der Hand in den Mund lebend von Sympathisanten aushalten ließen. Heimat- und schutzlos vertrauten sie ihrem Abba.

In Jesu Erzählungen waren Klugheitsregeln eingebettet, die man eher von Philosophen erwartet hätte. In Gleichnissen veranschaulichte er, wie Gott sein Reich herbeiführen werde, nämlich leise und gleichzeitig doch unwiderstehlich. Wieder andere Gleichnisse legen schlagend dar, wie Gott das Verlorene sucht. Jesus lieferte in seinem Leben den Kommentar dazu: Er war oft zu Gast bei Zöllnern und Huren. Manchmal bekamen seine Gleichnisse auch einen drohenden Klang: Am Ende wird Gericht sein, und Gott wird seine Feinde vernichten.[269] Gleichzeitig wendet Gott das Schicksal der Armen, Hungernden und Weinenden zum Guten, wie die »Seligpreisungen« eindrucksvoll darlegen.[270]

## Naherwartung und Weisheitslehre

Man hat gefragt, wie sich die quasi zeitlosen Weisheitsregeln bei Jesus zu jenen Stücken verhalten, die von einer ungebrochenen Naherwartung zeugen. Manche hauen den Knoten mitten durch und erklären das eine für echt und das andere für unecht. So entsteht dann wenigstens ein für uns heute verständlicher Jesus.

Indes gilt, was wir nicht zusammenbringen können, für einen Menschen des ersten Jahrhunderts noch lange nicht. Jesu Zeit-

[268] Vgl. Lk 16,1–8a.
[269] Vgl. S. 59. 88–90.
[270] Lk 6,20b–21.

genosse Paulus ist für das Nebeneinander von zeitloser Weisheit und ungestümer Naherwartung ein schlagendes Beispiel. Er war davon überzeugt, das Kommen seines Herrn Jesus auf den Wolken des Himmels noch selbst zu erleben[271], und wollte, wie in einem Fiebertraum befangen, das gesamte römische Weltreich noch vor der Wiederkunft Jesu missionieren.[272] Doch finden sich bei ihm Ausführungen zeitloser Art darüber, dass die menschliche Weisheit vor Gott Torheit sei[273] und er selbst hat der Nachwelt das schöne Lied von der Liebe überliefert, das keinerlei Naherwartung kennt. In 1Kor 13,13 spricht er davon, dass die Liebe größer sei als die Hoffnung (auf das Ende) und größer auch als der Glaube (an Christus).

Aus all dem folgt: Bei Jesus ebenso wie bei Paulus stehen Naherwartung, Weisheitslehre und Ethik gegen alle moderne Logik nebeneinander. Wahrscheinlich behielt aber bei Jesus das Vorgefühl des unmittelbar bevorstehenden Endes die Überhand, wie ein Blick auf die letzten Tage seines Lebens zeigt.

## Jesu Kreuzigung – ein sinnloses Schicksal

Jesu Wirken in Galiläa war von Erfolg gekrönt. Die Massen strömten ihm zu. Er hinterließ »bei seinen Zeitgenossen als Herr über Dämonen und Krankheiten sowie als Prediger von herausragender Anziehungskraft den nachhaltigsten Eindruck«.[274] Nun zog es ihn nach Jerusalem. Dort wollte er Volk und Führung zur Umkehr rufen. Er gab im Tempel seiner Hoffnung auf den neuen Tempel dadurch Ausdruck, dass er die Verkäufer und die Käufer im Heiligtum hinaustrieb. Er stieß, die Zerstörung des Tempels symbolisierend, die Tische der Geldwechsler und die Stühle der Taubenverkäufer um.[275] Das konnte ihm die jüdische Führung nicht verzeihen.

[271] 1Thess 4,13–17.
[272] Röm 15,19–21.
[273] 1Kor 1,18–2,16.
[274] Vermes, *Jesus der Jude*, S. 8.
[275] Mk 11,15.

Jesus wurde von den Römern aufgrund einer Verleumdung als politischer Verbrecher hingerichtet und erlitt den Kreuzestod. Diese Tatsache sollte nicht »als die innerlich notwendige Konsequenz seines Wirkens verstanden werden«[276], denn die Exekution war geschichtlich sinnlos. Jesus litt am Kreuz inmitten von Verbrechern für etwas, was er gar nicht wollte. Es war anders gekommen, als er es seinen Jüngern und dem jüdischen Volk angekündigt hatte. Die Naherwartung Jesu erwies sich »als eine Täuschung«.[277]

[276] Bultmann, *Exegetica*, S. 453.
[277] Rudolf Bultmann: *Theologie des Neuen Testaments*, Tübingen 1965⁵, S. 22.

# Literatur


Braun, Herbert: *Jesus – der Mann aus Nazareth und seine Zeit*, Gütersloh 1989².

Bultmann, Rudolf: *Jesus*, Berlin 1929.

Bultmann, Rudolf: *Neues Testament und Mythologie. Das Problem der Entmythologisierung der neutestamentlichen Verkündigung.* Nachdruck der 1941 erschienenen Fassung, herausgegeben von Eberhard Jüngel, München 1985.

Bultmann, Rudolf: *Das Urchristentum im Rahmen der antiken Religionen, Hamburg* 1962.

Bultmann, Rudolf: *Theologie des Neuen Testaments*, Tübingen 1965⁵.

Bultmann, Rudolf: *Exegetica. Aufsätze zur Erforschung des Neuen Testaments*, Tübingen 1967.

Bultmann, Rudolf: *Die Geschichte der synoptischen Tradition*, Göttingen 1979⁹.

Dalman, Gustaf: *Die Worte Jesu mit Berücksichtigung des nachkanonischen jüdischen Schrifttums und der aramäischen Sprache.* Band 1. Einleitung und wichtige Begriff, Leipzig 1930² (= Darmstadt 1965).

Dibelius Martin, *Botschaft und Geschichte. Gesammelte Aufsätze.* Band 1, Tübingen 1953.

Gnilka, Joachim: *Das Matthäusevangelium.* Zwei Teile, Freiburg 1986. 1988.

Gnilka, Joachim: *Das Markusevangelium.* Zwei Teilbände, Neukirchen-Vluyn 1978.1979.

Hengel, Martin: *Mors turpissima crucis.* Die Kreuzigung in der antiken Welt und die »Torheit« des »Wortes vom Kreuz«, in: Johannes Friedrich u. a. (Hg.): *Rechtfertigung.* Festschrift für Ernst Käsemann zum 70. Geburtstag, Tübingen / Göttingen 1976, S. 125–184.

Hengel, Martin: *Die Zeloten*, Leiden 1980².

Hengel, Martin: *Der unterschätzte Petrus*, Tübingen 2007².

Jeremias, Joachim: *Unbekannte Jesusworte*, Gütersloh 1965³.

Jeremias, Joachim: *Die Gleichnisse Jesu*, Göttingen 1965⁷.

Jeremias, Joachim: *Neutestamentliche Theologie. Erster Teil. Die Verkündigung Jesu*, Gütersloh 1971.

Jülicher, Adolf: *Die Gleichnisse Jesu. Zwei Teile in einem Band*, Darmstadt 1963.

JÜNGEL EBERHARD: *Tod*, Stuttgart 1971.

KLOSTERMANN, ERICH: *Das Matthäusevangelium*, Tübingen 1971$^4$.

KLOSTERMANN, ERICH: *Das Markusevangelium*, Tübingen 1950$^4$.

KLOSTERMANN, ERICH: *Das Lukasevangelium*, Tübingen 1975$^3$.

LAMPE PETER / HELMUT SCHWIER (Hg.): *Neutestamentliche Grenzgänge. Symposium zur kritischen Rezeption der Arbeiten Gerd Theißens*. Festschrift für Gerd Theißen zum 65. Geburtstag, Göttingen 2010.

LANG, BERNHARD: *Jesus der Hund. Leben und Lehre eines jüdischen Kynikers, München* 2010.

LOHSE, EDUARD: *Das Vaterunser im Lichte seiner jüdischen Voraussetzungen*, Tübingen 2008.

LUCK, GEORG: *Magie und andere Geheimlehren in der Antike*, Stuttgart 1990.

LÜDEMANN, GERD: *Die Auferstehung Jesu. Historie, Erfahrung, Theologie*, Göttingen 1994$^1$, Stuttgart 1994$^2$.

LÜDEMANN, GERD: *Die Auferweckung Jesu von den Toten. Ursprung und Geschichte einer Selbsttäuschung*, Springe 2002.

LÜDEMANN, GERD: *Jesus nach 2000 Jahren. Was er wirklich sagte und tat*. Mit Beiträgen von FRANK SCHLERITT und MARTINA JANSSEN, Lüneburg 2000$^1$, Springe 2004$^2$.

LÜDEMANN, GERD: *Der erfundene Jesus. Unechte Jesusworte im Neuen Testament*, Springe 2009$^2$.

LÜDEMANN, GERD: *Jesus nach 2000 Jahren. Was er wirklich sagte und tat*, Springe 2012$^3$.

LÜDEMANN, GERD und FRANK SCHLERITT: *Arbeitsübersetzung des Neuen Testaments*, Göttingen 2008.

MARTIN, GERHARD MARCEL: Werdet Vorübergehende. Das Thomas-Evangelium zwischen Alter Kirche und New Age, Stuttgart 1988.

MÜLLER, U. B.: *Die Entstehung des Glaubens an die Auferweckung Jesu. Historische Aspekte und Bedingungen*, Stuttgart 1998.

PAULSEN, HENNING: *Zur Literatur und Geschichte des frühen Christentums*, Tübingen 1997.

SANDERS, E. P.: *Jesus and Judaism*, London 1985.

SANDERS, E. P.: *The Historical Figure of Jesus*. Penguin Books, London 1993.

SCHLERITT, FRANK: *Der vorjohanneische Passionsbericht*, Berlin 2007.

SCHRAMM, TIM UND KATHRIN LÖWENSTEIN: *Unmoralische Helden. Anstößige Gleichnisse Jesu*, Göttingen 1986.

SMITH, MORTON: *Jesus the Magician*, San Francisco 1978.

STEGEMANN, HARTMUT: *Die Essener, Qumran, Johannes der Täufer und Jesus.* Freiburg 1994[4].

STEGEMANN, WOLFGANG: *Jesus und seine Zeit*, Stuttgart 2010.

STRECKER, GEORG: *Die Bergpredigt. Ein exegetischer Kommentar*, Göttingen 1984.

THEISSEN, GERD: Studien zur Soziologie des Urchristentums, Tübingen *1979.*

THEISSEN, GERD / ANNETTE MERZ: *Der historische Jesus*, Göttingen 1996.

THEISSEN, GERD: *Von Jesus zur urchristlichen Zeichenwelt. »Neutestamentliche Grenzgänge« im Dialog*, Göttingen 2011.

VERMES, GEZA: *Jesus der Jude. Ein Historiker liest die Evangelien*, Neukirchen-Vluyn 1993.

VIA, DAN OTTO: *Die Gleichnisse Jesu*, München 1970.

WEISS, JOHANNES, Das Lukas-Evangelium, in: ders.: (Hg.): Die Schriften des Neuen Testaments, neu übersetzt und für die Gegenwart erklärt von OTTO BAUMGARTEN, WILHELM BOUSSET [u.a.], Göttingen 1907[2]. Band 1. Die drei älteren Evangelien. Die Apostelgeschichte, S. 406–525.

WELLHAUSEN, JULIUS: *Evangelienkommentare*, Berlin 1987.

ZELLER, DIETER: Erscheinungen Verstorbener im griechisch-römischen Bereich, in: R. BIERINGER u.a. (Hg.): *Resurrection in the New Testament.* Festschrift J. Lambrecht, Leuven 2002, S. 1–19.

ZELLER, DIETER: *Religionsgeschichtliche Erwägungen zur Auferstehung*, in: *Zeitschrift für Neues Testament* 19 (2007), S. 15–23.

# Texte


Mt 1,1–2,23: 18
Mt 3,10: 89
Mt 3,13–15: 24
Mt 5,22: 78
Mt 5,28: 78
Mt 5,34a: 13. 80
Mt 5,34b–37: 13. 80
Mt 5,44a: 81
Mt 6,5: 55
Mt 6,6–7: 55
Mt 6,10: 54–55
Mt 6,25–34: 92–94
Mt 7,7–10: 76–77
Mt 8,22b: 84
Mt 11,12: 62
Mt 11,18–19a: 26
Mt 12,28: 57
Mt 13,31–33: 61
Mt 13,44–46: 73–74
Mt 19,28: 41–42
Mt 20,1–16: 68–69
Mt 21,28–32: 62–63
Mt 23,13–36: 81
Mt 24,40–41: 89–90
Mt 27,64: 99
Mt 28,11–15: 99

Mk 1,4: 15
Mk 1,9–11: 23–25
Mk 1,23–26: 30–32
Mk 1,30–31: 35–36
Mk 1,32–39: 28–30
Mk 2,1–12: 36–38
Mk 2,13–16: 44
Mk 2,18–20: 12. 43
Mk 2,23–26: 84–85
Mk 2,27: 84–87
Mk 3,1–6: 85–88
Mk 3,7–12: 29
Mk 3,14–19: 40
Mk 3,20–21: 22
Mk 3,22–30: 32–33
Mk 3,31–32: 22
Mk 4,26–29: 59–60
Mk 4,30–32: 60
Mk 5,1–20: 31–32
Mk 6,1–3: 19–21
Mk 6,53–56: 29
Mk 7,32–35: 33–34
Mk 8,22–26: 34–35
Mk 8,31–33: 90–91
Mk 10,2–12: 79–80
Mk 10,18: 23
Mk 11,15–19: 47–49
Mk 11,23–24: 77
Mk 14,22–24: 94
Mk 14,25: 53. 94–95
Mk 14,36: 16

Lk 2,1–40: 18
Lk 3,21–22: 25
Lk 4,17: 21
Lk 6,20b–21a: 52–53
Lk 6,22–23: 52
Lk 6,27: 81
Lk 7,33: 26
Lk 7,36–50: 45–47
Lk 9,60a: 84

Lk 9,62: 94
Lk 10,1–12: 55
Lk 10,18: 12. 55–56. 97
Lk 10,30–35: 82–83
Lk 11,2: 54–55
Lk 11,5–8: 75–76
Lk 11,9–13: 77
Lk 11,20: 57. 97
Lk 11,24–26: 63–64
Lk 12,22–31: 93
Lk 12,54b–56: 88
Lk 13,6–9: 89
Lk 13,10–17: 86
Lk 13,18–21: 61
Lk 14,1–6: 87–88
Lk 14,26: 83–84
Lk 14,28–32: 72–73
Lk 15,4–9: 64–65
Lk 15,11–32: 66–68
Lk 16,1–8a: 70–71
Lk 16,8b–12: 71
Lk 16,13: 71
Lk 16,16: 62
Lk 17,20–21: 53–54.
Lk 18,2–8: 74–75
Lk 22,28–30: 41–42

Th 20: 60
Th 42: 91
Th 86: 92
Th 92,1: 76
Th 94: 76
Th 98,1–3: 62. 71–73

# Der Autor

**Gerd Lüdemann**, Jahrgang 1946, ist Professor emeritus für Geschichte und Literatur des frühen Christentums an der Georg August Universität in Göttingen und Visiting Scholar an der Vanderbilt University in Nashville, USA. Er ist der Gründer des Archivs »Religionsgeschichtliche Schule« an der Theologischen Fakultät der Universität Göttingen.

1998 wurde ihm die Bezeichnung seines Lehrstuhls als »Lehrstuhl für Neues Testament« vom Präsidenten der Universität Göttingen auf Betreiben der evangelischen Kirchen in Niedersachsen verboten. Er hatte sich in seinen Veröffentlichungen und in seiner wissenschaftlichen Arbeit zu kritisch mit Fragen des evangelischen Bekenntnisses auseinandergesetzt.

# Gerd Lüdemann bei zu Klampen!

**Jesus nach 2000 Jahren**
Was Jesus wirklich sagte und tat
*3., verbesserte Aufl., 586 Seiten, Paperback*
*ISBN 978-3-86674-173-7*

»Wer den ursprünglichen Jesus, fernab von heutigen esoterischen Spekulationen, kennenlernen will, kommt um Lüdemanns Werk nicht herum.« *Spuren*

**Der älteste christliche Text**
Erster Thessalonicherbrief
*123 Seiten, Hardcover, ISBN 978-3-86674-157-7*

Paulus erwartet die Wiederkunft Jesu als des Herrn noch zu seinen Lebzeiten und verdammt die ungläubigen Juden als Feinde aller Menschen.

**Wer war Jesus?**
Theologisch-politische Interventionen
*122 Seiten, Hardcover, ISBN 978-3-86674-144-7*

Die Frage nach dem historischen Jesus hat nicht nur theologische, sondern auch politische Konsequenzen. In knappen Interventionen geht der Autor dieser Dimension seines Wissensgebiets nach.

**Die gröbste Fälschung des Neuen Testaments**
Der zweite Thessalonicherbrief
*96 Seiten, Hardcover, ISBN 978-3-86674-090-7*

Fälscher im Namen der Wahrheit – beim Verfassen des zweiten Thessalonicherbriefs gingen sie besonders grob zu Werke.

**Die ersten drei Jahre Christentum**

*207 Seiten, Hardcover*

*ISBN 978-3-86674-060-0*

Was können wir über die Frühzeit der christlichen Kirche wissen? Gerd Lüdemann zeigt, was als gesichert gelten kann – unabhängig vom Dogma.

**Jungfrauengeburt?**

Die Geschichte von Maria und ihrem Sohn Jesus

*156 Seiten, Hardcover*

*ISBN 978-3-86674-028-0*

Nach christlichem Glaubensbekenntnis ist Jesus der Sohn Gottes und wurde von der Jungfrau Maria zur Welt gebracht. Gerd Lüdemann untersucht die geschichtliche Realität hinter dem Jungfrauenmythos.

**Der erfundene Jesus**

Unechte Jesusworte im Neuen Testament

*96 Seiten, Paperback*

*ISBN 978-3-98737-037-3*

Die Bibel ist voll von erfundenen Jesus-Worten. Welche Bedeutung haben sie für christliche Kirche und christlichen Glauben?

**Das Jesusbild des Papstes**

Über Joseph Ratzingers kühnen Umgang mit den Quellen

*158 Seiten, Hardcover*

*ISBN 978-3-86674-010-5*

Papst Benedikt XVI. will Glauben und Vernunft versöhnen. Wird sein Jesusbild diesem Anspruch gerecht?

**Altes Testament und christliche Kirche**

Versuch der Aufklärung

*205 Seiten, Hardcover mit Schutzumschlag*

*ISBN 978-3-934920-96-5*

In diesem Buch wendet Gerd Lüdemann die historisch-kritische Bibelforschung radikal auf das Alte Testament an. Er hat damit ein Standardwerk über diesen Grundtext unserer Zivilisation geschaffen.

**Die Intoleranz des Evangeliums**

Erläutert an ausgewählten Schriften des Neuen Testaments

*270 Seiten, Hardcover mit Schutzumschlag*

*ISBN 978-3-934920-44-6*

Gerd Lüdemann zeigt, wie krass die Text- und Glaubensfundamente der christlichen Kirchen in Sachen Toleranz dem heutigen kirchlichen Selbstverständnis widersprechen.

**Die Auferweckung Jesu von den Toten**

Ursprung und Geschichte einer Selbsttäuschung

*256 Seiten, Paperback, ISBN 978-3-934920-20-0*

Gerd Lüdemann unterzieht in diesem Buch alle Auferstehungstexte aus dem frühen Christentum einer historischen Prüfung – mit dem Ergebnis, dass die Auferstehung Jesu entgegen dem biblischen Zeugnis und dem kirchlichen Bekenntnis nicht stattfand.

**Das Unheilige in der Heiligen Schrift**

Die dunkle Seite der Bibel

*136 Seiten, Paperback, ISBN 978-3-934920-03-3*

»Gerd Lüdemanns Befund ist schlagend: Im neutestamentlichen Erwählungsglauben steckt der Antijudaismus ebenso tief wie Krieg, Bann und Vertreibung im alttestamentlichen.« *Die Zeit*

**Paulus, der Gründer des Christentums**

*270 Seiten, Hardcover mit Schutzumschlag*

*ISBN 978-3-934920-07-1*

»Ohne Rücksicht auf affirmative Glaubenssätze stellt Lüdemann uns den historischen Paulus vor Augen.« *Die Welt*

**Der große Betrug**

Und was Jesus wirklich sagte und tat

*125 Seiten, Hardcover mit Schutzumschlag*

*ISBN 978-3-924245-70-2*

Mit diesem Buch verabschiedet sich der evangelische Theologe Gerd Lüdemann vom Christentum.